© 2020 Buzz Editora

Publisher ANDERSON CAVALCANTE
Editoras SIMONE PAULINO, LUISA TIEPPO
Assistente editorial JOÃO LUCAS Z. KOSCE
Projeto gráfico ESTÚDIO GRIFO
Assistentes de design NATHALIA NAVARRO, FELIPE REGIS
Preparação ANTONIO CASTRO
Revisão VANESSA ALMEIDA, BEATRIZ GIORGI

Dados Internacionais de Catalogação na Publicação (CIP)
de acordo com ISBD

C331p
    Carvalho, Maytê
    Persuasão: Como usar a retórica e a comunicação persuasiva na
    sua vida pessoal e profissional / Maytê Carvalho
    São Paulo: Buzz, 2020
    152 pp.

    ISBN 978-65-86077-50-6

1. Comunicação. 2. Persuasão. 3. Retórica. I. Título.

2020-1386   CDD 302.2
                                    CDU 316.77

Elaborado por Vagner Rodolfo da Silva CRB-8/9410

Índice para catálogo sistemático:
1. Comunicação 302.2
2. Comunicação 316.77

Todos os direitos reservados à:
Buzz Editora Ltda.
Av. Paulista, 726 – mezanino
CEP: 01310-100 São Paulo, SP
[55 11] 4171 2317
[55 11] 4171 2318
contato@buzzeditora.com.br
www.buzzeditora.com.br

Maytê Carvalho

PERSUASÃO

Como usar a retórica e a comunicação persuasiva na sua vida pessoal e profissional

09 Aviso

13 Nota da autora

17 Prefácio
por Gabriela Prioli

23 Introdução
As dinâmicas invisíveis da
influência no discurso persuasivo

31 1
A retórica aristotélica
e o mundo atual

39 2
Quem você é, como você me
faz sentir e como você me prova
o que diz?

55 3
Abordagens persuasivas de
convencimento

69 4

Isso é uma falácia!
Como identificá-las
(e como evitar cair em uma!)

91 5

Discurso persuasivo nos
negócios: *pitch*

117 6

Não seja um plâncton:
esteja presente

127 7

Conduzindo DRs com estilo:
a comunicação não violenta

133 8

Persuasão e influência no seu
microcosmo: isopraxismo e
rapport no mundo corporativo

147 Bibliografia

Para Bruno, Claudio, Fatima, Ian e Paula.
Com amor.

AVISO

As páginas a seguir contêm verdades. Caso não esteja preparada (ou preparado) para saber se foi manipulada(o) sua vida toda, pare por aqui.

Toda fala esconde dinâmicas invisíveis de poder e influência.

Com grandes
poderes
vêm grandes
responsabilidades.
BEN PARKER
Tio de Peter Parker, o Homem-Aranha

Nota da autora

Este livro foi escrito antes da pandemia de COVID-19. Assim como Adorno se questionava "Haverá poesia depois da guerra?", eu me perguntei diversas vezes qual era o papel do meu livro diante desse novo contexto. Deste novo mundo. Haverá leitura depois dessa pandemia? Que tipo de leitura?

Hoje, visualizo este livro, que a princípio me parecia ser muito mais sobre desenvolvimento pessoal e individual, como uma ferramenta de mudança social e de interpretação crítica e reflexiva do momento em que vivemos.

Somos persuadidos pela imprensa, pelos políticos, pela propaganda todos os dias, então, precisamos estar atentos e vigiar para não sermos manipulados.

No final do livro, eu gostaria muito que a gente pudesse exercer essa visão crítica ao ler um jornal, uma notícia, ao vermos uma propaganda na televisão. E refletir: o que é isto? Está me provocando? Está me seduzindo? Por que está usando essa palavra? Qual a agenda política do emissor dessa mensagem?

Paulo Freire já dizia que a leitura de mundo deve preceder a leitura da palavra, por isso é extremamente necessária uma educação que ajude as pessoas a fazerem análises das realidades. Linguagem e realidade se prendem dinamicamente. A compreensão do texto a ser alcançada por sua leitura crítica implica a percepção das relações entre o texto e o contexto.

Ao lermos o mundo, ampliamos a nossa condição humana: alcançamos esferas e percebemos dinâmicas antes invisíveis. Essa habilidade nos faz sujeitos ativos, com capacidade de criar e recriar a nossa vida: política, social e individual.

Ao entender essa dinâmica, você vai estar apto para assumir as rédeas da sua vida, porque existem dinâmicas invisíveis de poder e influência em cada fala e relação das nossas vidas. Quando a gente consegue dar nome e sobrenome para essas dinâmicas, é possível entender melhor o nosso ser e estar no mundo. A gente passa a entender como conduzir melhor nossas relações para ter êxito e exercer a plena potência de sermos quem verdadeiramente somos. Eu espero que este livro traga protagonismo e voz ativa para você em suas relações, no trabalho, em sua VIDA.

Em um mundo com contornos não definidos com relação ao espírito do tempo e *modus operandi* que nos espera, tudo o que posso fazer é propor que naveguemos juntos por essa travessia. E que este livro faça parte dessa jornada, despertando os nossos olhos e ouvidos para o invisível.

Los Angeles, Califórnia
Abril de 2020

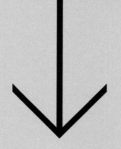

Prefácio
POR GABRIELA PRIOLI

GABRIELA PRIOLI é mestra em direito penal pela Universidade de São Paulo, professora da pós-graduação em direito e processo penal da Universidade Presbiteriana Mackenzie e uma das apresentadoras da CNN Brasil. Tornou-se um fenômeno nas redes sociais ao tratar de assuntos políticos, jurídicos e socioeconômicos usando uma linguagem acessível e aproximando todos os tipos de pessoas de temas complexos.

Mais do que impor certezas, a advogada criminalista levanta dúvidas que suscitam o amadurecimento do raciocínio crítico a mais de 1.5 milhão de seguidores no Instagram, YouTube e Twitter num processo consciente de imposição da razão como forma de interpretar o mundo.

Recebi o arquivo deste livro em abril de 2020, durante o isolamento imposto em São Paulo em decorrência da crise de COVID-19. Estamos em casa, mas meu trabalho não cessa, porque pode ser feito à distância. No Brasil, um abalo sem precedentes no governo atual. Numa manhã de domingo, abro o computador e começo a ler o texto do livro que teria na abertura o meu primeiro prefácio. Nunca escrevi um, não sei se escreverei outro.

Já na introdução, Maytê conta que decidiu escrever o livro quando se convenceu de que o conteúdo podia mudar a vida das pessoas: é verdade, mudou a minha.

Embora não tenha sido sua aluna, a vida se encarregou de nos fazer tropeçar uma na outra mais de uma vez. Não entendemos o recado de primeira - a comunicação, ironicamente, falhou - mas, por sorte, tivemos outras chances. Estabelecido o diálogo, nasceu o vínculo.

A nossa amizade se fortaleceu justamente quando ela estava indo embora do Brasil. Seria uma ótima oportunidade para que a distância enfraquecesse o que o acaso insistiu em estabelecer, mas resistimos. O laço da comunicação bem-feita se impôs e nós sabíamos disso: nos momentos em que precisávamos falar ou escutar, procurávamos uma a outra. Tornamo-nos amigas pela conversa. Foi o diálogo o nosso cimento.

Digo isso porque, algum tempo depois dos tropeços, da viagem e de algumas trocas, tive nela um refúgio durante tempos revoltos. Vivenciava um dos momentos mais intensos da minha vida profissional durante uma pandemia que demandava isolamento. Distante dos meus, precisava de alguém que, ao me escutar, me compreendesse além das palavras, me ajudasse a organizar minhas ideias e pudesse aprimorar minha fala.

Nunca antes precisei ser tão clara e nunca antes a minha cabeça esteve tão confusa. Precisava diminuir o barulho. Busquei a Maytê.

Durante longas conversas por vídeo, ela me ajudou a reconhecer na fala do outro aquilo que me gerava inquietação. Ela me ensinou a me proteger. Mais: me ajudou a encontrar dentro de mim o meu discurso. Um discurso claro e sem ruídos. Essa é a mágica. O que a gente precisa já existe, e ela nos aponta o caminho. Eu sei, portanto, que este livro funciona. Funcionou comigo.

Não posso dizer que não era uma pessoa persuasiva já antes de nos conhecermos - partilho isso com a Maytê -, mas, ao contrário dela, não me debrucei sobre o tema e sempre desenvolvi a minha habilidade de forma mais intuitiva. O problema? Quando a emoção se impõe, corre-se o risco de se perder. Escutar ou ler a Maytê ajuda até quem já domina parte da técnica, ainda que intuitivamente.

Ao ler pela primeira vez o texto deste livro, mandei uma mensagem para a Maytê dizendo que estava fazendo uma sessão de terapia, por me reconhecer nos parágrafos. Poucas linhas depois, me deparei com o seguinte trecho:

"Abrirei um superparênteses aqui neste capítulo porque, quanto mais a gente se conhece, mais a gente consegue entender quais são os nossos dilemas-padrão.

Mais potente nos tornamos quando conseguimos controlar os nossos demônios."

É isso.

Comecei e não conseguia mais parar. A leitura é fácil, o vocabulário é simples e informal. A comunicação é perfeita: clara, acessível. É um livro sobre comunicação que se comunica com perfeição. Vale cada linha!

Os que me conhecem sabem que eu sou uma pessoa com tendência à poesia. Pensei num prefácio com final poético, diria até dramático, mas estou presa ao meu entusiasmo. Terminei o livro com a sensação de fortalecimento. É como se nunca mais eu fosse fazer do mesmo jeito uma reunião de negócios, uma apresentação ou uma crítica a um discurso. Uma luz se acendeu.

Termino orgulhosa. Feliz por ter sido a escolhida para prefaciar um texto que acende as luzes da consciência. Sobre nós mesmos e sobre os outros. Maytê fez um belíssimo trabalho. Dividiu com todos os leitores o que pessoalmente dividiu comigo. Desfrutem como eu desfrutei e assumam o protagonismo das suas próprias histórias.

São Paulo,
26 de abril de 2020

Introdução

As dinâmicas invisíveis da influência no discurso persuasivo

Desde que comecei a dar aula de persuasão e retórica nos cursos de extensão da Escola Superior de Propaganda e Marketing (ESPM), em São Paulo, muita gente me fala: por que você não escreve um livro sobre persuasão? Eu já fui coautora de um livro sobre empreendedorismo para mulheres e curadora editorial de outro livro sobre o mercado de beleza, mas nunca tinha escrito um livro que fosse tão MEU como este.

Adiei até onde foi possível por, de certa forma, pensar: *Será que minhas aulas rendem um livro?* E eu só me senti segura o suficiente para fazê-lo após ter dado o meu curso para mais de mil pessoas e ter recebido tantos feedbacks maravilhosos dos meus alunos – que conseguiram aumento em seus trabalhos, fizeram o faturamento de seus negócios crescer e, inclusive, mudaram a forma de se comunicar com seus amigos e melhoraram seus relacionamentos pessoais.

Cada mensagem no WhatsApp, ligação, depoimento em sala de aula me trazia um senso de missão: preciso espalhar esse conteúdo para a maior quantidade possível de pessoas! Quero impactar a vida de todo mundo que acorde decidido a assumir as rédeas da própria vida, mas que sente a necessidade de se equipar melhor para tal.

Sempre fui e sou entusiasta da terapia (faço psicanálise e terapia cognitivo-comportamental) e, por isso, vejo o movimento de narrar a sua própria história como um ato terapêutico. Como nos expressamos, as palavras que escolhemos, como abordamos as pessoas ao nosso redor revelam esquemas e dinâmicas muitas vezes invisíveis.

Quando aprendemos sobre falácias, discurso e maneiras de construirmos uma narrativa, aprendemos principalmente como nos preservar do abuso do outro e a questionar a saúde das nossas relações. O que você vai aprender neste livro pode ser usado para o bem ou para o mal – odeio maniqueísmo, mas, de certa forma, pensando no constructo ocidental de mau/bom, essa afirmação faz sentido. Quando nos tornamos conscientes de atitudes que antes eram apenas reproduzidas, é preciso assumir a nossa responsabilidade como indivíduo dentro de uma dinâmica.

Não importa qual seja o seu trabalho, muito do seu sucesso dependerá da sua capacidade de influenciar e persuadir os outros. Em outras palavras, conseguir que digam sim aos seus pedidos. Seja negociando com fornecedores, vendendo seu produto para compradores, liderando funcionários, pedindo aumento para o chefe. Persuadir é preciso para que tenhamos êxito em nossa vida profissional.

Muito além da profissional, mas também na nossa vida pessoal. A forma como conduzimos (ou somos conduzidos) nossas relações, sejam elas amorosas, de amizade ou com nossos familiares, pode trazer indícios de dinâmicas abusivas ou saudáveis.

Toda a ideia deste livro surgiu porque, quando eu tinha 18 anos, participei de um programa de televisão chamado *O Aprendiz*. Venci *O Aprendiz Especial* e depois participei do *Aprendiz Universitário – O Retorno*, do qual fui eliminada. Também trabalhei com Roberto Justus por mais de 7 anos, no grupo WPP.

Depois de trabalhar no grupo, resolvi empreender. Fundei algumas empresas e tive um aplicativo de cosméticos: Beleza de Farmácia, que me levou a fazer o *pitch*[1] no programa *Shark Tank Brasil* e conseguir Camila Farani como investidora-anjo. A gente ainda vai falar sobre *pitch*, que é o discurso persuasivo, mais para a frente neste livro.

Após empreender, fui trabalhar no fundo de investimento desta start-up, e agora me mudei para Los Angeles, na Califórnia, onde eu assumi a posição de diretora de estratégia de negócios em uma das maiores agências de publicidade do mundo, que tem as contas da Apple, McDonald's e Disney.

Eu sugiro que você leia este livro em ordem linear, porque estabeleço todo um raciocínio a partir da introdução ao falar dos fundamentos da persuasão e segmentá-la, a fim de te dar o repertório básico para que depois você consiga aprender a parte prática.

---

1 *Pitch*: discurso persuasivo, normalmente curto e com a finalidade de convencimento do interlocutor (investimento, ideia, projeto). Geralmente esse termo é utilizado no mundo dos negócios e start-ups.

Então, se você quiser ir direto ao capítulo "Como escrever e-mails persuasivos", vai perceber que vou fazer algumas referências a ethos, pathos e logos, conteúdo colocado como um dos primeiros aqui no nosso livro.

Reforço, então, minha sugestão: leia o livro em ordem linear, porque você vai conseguir ter mais arcabouço para acompanhar depois, quando a gente estiver nos capítulos mais práticos.

Eu gostaria muito que, no final do livro, você conseguisse quatro coisas:

1. Elaborar um discurso persuasivo estratégico (*pitch* de vendas, investimento ou apresentação em geral);

2. Apresentar de maneira tática *storytelling* com embasamento teórico (Aristóteles);

3. Ter êxito ao contra-argumentar, defender suas ideias, projetos e pontos de vista em reuniões, debates, discussões com o namorado ou nos grupos de WhatsAapp (exercício das falácias);

4. Exercer um ponto de vista crítico e reflexivo a fim de saber se está sendo ou não manipulado por uma narrativa persuasiva (seja midiática, no trabalho, nas relações... quem nunca?).

Não se encolha para caber num lugar
que não é do seu tamanho.
E, principalmente, se você sacar que é
maior do que aquele espaço, vá embora.

1

A retórica aristotélica e o mundo atual

A vida inteira ouvi que sou uma pessoa muito persuasiva. Desde criança, os meus amigos falavam assim: "Maytê, vai pedir isso pra professora. Você é a mais cara de pau". Ou ainda: "Vai você pedir pra sua mãe para eu dormir na sua casa. Você consegue convencer". Meus amigos do meu colégio, Mater Amabilis, não me deixam mentir: era representante de sala, oradora da turma... Aliás, sou muito grata ao colégio (Oi, Carlinhos, Eliz e tia Dilia!) por sempre ter me apoiado mesmo em períodos financeiros difíceis. Os professores que tive ali seguem no meu coração pela vida e muito do meu chamado para dar aula (além de ser filha de professores) veio dali.

Eu fui crescendo com isso e, de certa forma, tinha dificuldade de me aceitar porque pensava assim: "Se todo mundo souber que sou persuasiva, ninguém vai confiar naquilo que eu falo. As pessoas vão me ver como uma espécie de impostora".

E eu me sentia uma espécie de impostora. Acreditava que isso é um dom, mas, ao mesmo tempo, tinha uma crença de que não poderia me apropriar desta habilidade porque as pessoas diziam: "Cuidado com ela, ela vende gelo para esquimó", e eu não queria ser essa pessoa.

Após o programa *O Aprendiz*, em que a cada reunião o Roberto Justus sempre enfatizava o quanto eu era persuasiva, o quanto a minha retórica era potente, percebi que, agora que o Brasil inteiro sabia que sou persuasiva, não tinha mais como fingir o contrário. E decidi assumir isso estudando retórica como arte e ciência.

Descobri que o fato de a gente ter uma visão pejorativa sobre uma pessoa ser persuasiva é um constructo muito recente. Antigamente, isso era visto como uma virtude.

No século V a.C., na Grécia Clássica, quando ainda era Macedônia, eles tinham aula de retórica e persuasão na escola. Desde crianças, aprendiam matemática, filosofia e retórica. Tanto que Aristóteles é considerado o pai da retórica e produziu suas obras nessa mesma época.

Eu indico o livro *Aristóteles: Obras completas – Retórica*, porque ele mudou a minha vida. Aristóteles criou a retórica como a gente a conhece hoje.

"Na retórica aristotélica, encontramos o saber como teoria, o saber como arte e o saber como ciência. Um saber teórico e um saber técnico, um saber artístico e um saber científico. No trânsito da antiga para a nova retórica, ela naturalmente transformou-se de arte da comunicação persuasiva em ciência hermenêutica da interpretação."[2]

Imagine Aristóteles, lá no século V a.C., na Macedônia, filosofando com seus alunos. Os filósofos de antigamente

---

2 Trecho do capítulo 1 do livro *Retórica*, de Aristóteles (São Paulo: WMF Martins Fontes, 2012).

compartilhavam o conteúdo deles, e não deve ter sido fácil ser filósofo naquela época. Especialmente quando falamos sobre remuneração.

Aristóteles precisava fazer uns "freelas" para pagar os boletos, vamos dizer assim! Quem nunca? Ou seja, digamos que ele aceitava alguns serviços como mentor freelancer. E pegou um "job" para ser mentor do filho de um rei da Macedônia: o menino Alexandre, que, anos depois, quando se tornou adulto, ficou conhecido como Alexandre, o Grande.[3]

Então, imagina você, junto a eles, vendo esse rolê acontecendo entre Aristóteles e Alexandre, o Grande. Alexandre tinha um exército, que não era muito eficiente, comparado com o exército de Dario, seu adversário. A guerra, naquela época (hoje em dia também, mas principalmente lá), tinha um viés muito territorialista. Eles precisavam muito conquistar os territórios para que pudessem ter hegemonia. Mas como você vai fazer isso, se não tem um exército decente?

Por exército decente, leia-se: cavalos bons, armas boas, soldados fortes e preparados.

Alexandre não tinha nada disso, mas, mesmo assim, nunca perdeu uma batalha. Ele tinha o poder da retórica e das pessoas. E foi com Aristóteles como mestre que Alexandre conseguiu, por meio do discurso e da fala, engajar e mobilizar seu exército. Falar bem era tão importante para o rei e para o herói quanto combater bem.

---

3 Retirei essa história do livro *A conspiração para salvar Sócrates*.

Ele sabia o nome de cada soldado e a história de cada homem. Por isso, provocava, seduzia ou intimidava, de acordo com o que sabia que funcionava com cada um dos membros do seu exército. O resultado era um time altamente motivado e engajado.

Fazendo um paralelo com o mundo atual, parece muito com as equipes no mercado de trabalho, não é?

Quando a gente olha uma empresa concorrente - se você é fundador de uma empresa ou se você, às vezes, trabalha em um projeto com uma equipe - fala: "Meu Deus, a concorrência! Aquele cara que estudou em Harvard tem computadores, tem vários escritórios e eu aqui... pareço o exército de Brancaleone".

No entanto, se souber engajar e motivar os membros do seu time, você consegue ir além, bater metas, superar resultados.

Existe um filme do diretor Oliver Stone que narra a história de Alexandre, o Grande. Intitulado *Alexandre*, o filme mostra como ele entrava na cabeça de cada um dos soldados, chamando-os pelo nome, evocando a vingança por parte de seus familiares. E esse exército, mesmo sendo menor, mesmo sendo mais fraco, ao entrar numa guerra, jamais perdeu. Vale a pena assistir.

Assim como sugiro que você digite no YouTube: "Matinal de vendas da Ambev". Para quem não sabe, a matinal de vendas é uma cerimônia que acontece todos os dias, em que as equipes de trade marketing de campo se reúnem para fechar estratégias comerciais e bater as metas.

Qualquer semelhança não é mera coincidência. Ambos os discursos evocam um "nós *versus* eles".

"Nós *versus* eles" é uma narrativa muito utilizada no mundo contemporâneo, apesar de ser tão antiga. Ao fortalecer a entidade "nós", se cria um sentimento de comunhão contra a equipe oposta. Poderia ser na Macedônia, entre o Dario e Alexandre, o Grande, mas, se estou falando de um ambiente comercial, poderia ser perfeitamente "nós Ambev" *versus* "nós Heineken", por exemplo.

Vocês vão ver que os sentimentos evocados e despertados são semelhantes, seja ele o exército da Macedônia ou uma força de vendas de cervejaria.

Ambos os discursos evocam ethos, pathos e logos, que são os três pilares fundamentais para a construção de um discurso capaz de convencer qualquer pessoa. Vamos explorar esses pilares no próximo capítulo.

2

Quem você é, como você me faz sentir e como você me prova o que diz?

EPL: Ethos, Pathos, Logos

Toda narrativa persuasiva passa por três pilares: ethos, pathos e logos.

O que são esses três pilares? Seja no *pitch* de vendas de uma start-up ou numa apresentação de algum projeto na empresa, a gente tem que ter a certeza de que está cobrindo uma checklist chamada EPL (Ethos + Pathos + Logos).

ETHOS

PATHOS

LOGOS

O ethos é um dos aspectos mais importantes que a gente pode observar dentro de um discurso ou narrativa, porque ele diz respeito ao caráter de quem fala. Ethos é a credibilidade, é o "Por que eu devo acreditar em você?", "O que você já fez na sua vida que me prova que você é uma pessoa competente, capaz ou entendedora deste assunto?".

É, portanto, o seu histórico pessoal, a sua reputação, e por isso ele é o mais importante dos três. Eu posso ter um discurso que tenha pathos e logos, que são a paixão e a razão, mas se eu não tiver a confiança e a credibilidade (ethos), você pode me trazer o dado que for que eu não vou comprar a sua verdade.

Enquanto logos vende a razão, pathos é aquilo que evoca as nossas emoções. Eles são antagônicos. Pathos vai trabalhar com empatia e vulnerabilidade, te fazer emocionar. Sabe aquele discurso político ou aquele discurso de vendas que te faz ter vontade de chorar no final? É um discurso mais orientado para pathos.

CREDIBILIDADE	EMOÇÃO	LÓGICA
Ethos	Pathos	Logos

Por outro lado, logos é aquele que vai te dar uma prova lógica de que o que está sendo dito é verdade: pesquisas, fontes, dados gráficos, números. Tudo aquilo que orbita no tema da razão é logos.

Eu quero que você me prometa que, na próxima vez em que tiver uma entrevista de emprego ou uma reunião importante para apresentar um projeto, ou até mesmo um *date* com aquele *crush* do aplicativo que você ainda não conhece, seja lá o que for, você vai olhar no espelho e vai dizer: "Eu espero que eu goste deles". E não: "Eu espero que eles gostem de mim".

É muito difícil a gente construir um discurso que não passe por esses três pilares. Por isso, Aristóteles fala que a gente tem que cobrir esses três aspectos. É óbvio que alguns discursos vão ser mais orientados a pathos, outros mais orientados a logos, mas, em geral, você precisa cobrir os três para ter êxito em sua narrativa persuasiva.

Vocês já ouviram aquele discurso em que a pessoa fala muito sobre ela? O que fez, as empresas que já vendeu, os lugares onde já trabalhou, as informações acadêmicas que possui? Enfim, tudo isso diz respeito, de uma certa forma, à sua vida pessoal. No entanto, não tem como isolar a credibilidade de quem você é do seu discurso.

Você vai fazer um *pitch* dentro da sua start-up, por exemplo. Muitas vezes, eu já sei quem você é. Tenho registros pessoais através do seu LinkedIn, do seu currículo, de perguntar para as pessoas que te conhecem etc. Você não tem como esquecer do seu ethos, então, ele sempre vem acompanhado de você mesmo.

O Fyre Festival foi um festival de música que nunca aconteceu. O evento aconteceria nas Bahamas, em 2017, e foi anunciado como luxuoso, mas que, na prática, não passou de uma fraude. Promovido e criado pelo empresário Billy McFarland (e co-organizado pelo rapper Ja Rule), foi divulgado por estrelas mundiais, como Kendall Jenner, Bella Hadid, Alessandra Ambrósio e Hailey Baldwin. Entre as atrações musicais prometidas estavam os grupos Blink-182 e Major Lazer.

Recomendo o documentário *Fyre Festival* da Netflix, que mostra como o Billy utilizou-se do seu ethos e da sua empresa prévia (Magnises) para convencer investidores, celebridades e a mídia de que seu projeto era legítimo.

A história também nos lembra a trajetória da Theranos e da sua fundadora Elizabeth Holmes: era a menina dourada do Vale do Silício, considerada "a próxima Steve Jobs", que ia revolucionar o mundo da saúde e tinha arrecadado milhões de dólares junto de investidores. Tudo na história de Elizabeth Holmes soava fantástico: ela tinha deixado um curso de engenharia química ao meio na Universidade de Stanford, aos 19 anos, para fundar a Real-Time Cures, que mais tarde mudou de nome para Theranos.

A empresa dizia simplificar o processo de coleta e diagnóstico, com apenas uma gota de sangue. Sendo Holmes a dona de metade da companhia, num instante foi parar na lista da *Forbes*, em 2013, com 30 anos, como a mais jovem mulher multimilionária... só que ela não tinha a tecnologia. Terceirizava tudo para outras empresas que faziam o exame de maneira tradicional. Ela enganou não somente seus investidores, mas a FDA (Anvisa americana).

Billy McFarland ou Elizabeth Holmes são exemplos dos que captaram bilhões de dólares vendendo o ethos (não tinham ainda um produto estabelecido). Até mesmo o Eike Batista, com suas "empresas de PowerPoint", vendeu ethos.

Entretanto, se Elon Musk falasse: "Vou abrir uma start-up e quero R$ 1.000", sem dúvidas, eu já teria dado R$ 1.000 para ele. Olha o tanto de coisas que esse cara já fez: Tesla, SpaceX, PayPal. Eu posso até não saber o que ele vai fazer, mas confio no ethos dele, acredito que vai fazer algo grande.

Elizabeth Holmes fez isso muito bem. "Eu sou uma aluna que deixou Stanford para criar uma tecnologia exclusiva no mercado de saúde", dizia. Ela fazia painéis com Bill Clinton, recebeu investimentos do Tim Draper e Rupert Murdoch (um dos maiores investidores do mundo), e não tinha nada! Enganou a FDA, enganou a imprensa, enganou todo mundo. Aliás, recomendo que assistam ao *A inventora: à procura de sangue no Vale do Silício*, o documentário da HBO sobre a história dela.

E como eles fazem isso? Com discursos focados no ethos, porque se eu confio no seu ethos, eu não presto atenção no que você está falando.

Há certos ethos que não têm necessariamente relação com uma formação acadêmica ou com o fato de você ter trabalhado no ramo. Vou dar outro exemplo: Alexandria Ocasio-Cortez – que é uma deputada americana. Era *bartender*, garçonete. Não tinha uma formação estadista tão erudita, apesar de ter estudado relações internacionais, e usou uma narrativa se apropriando de um ethos que representava o povo.

Ela construiu essa credibilidade de maneira autêntica, genuína e não tentando ser uma intelectual erudita. Durante as eleições, foi confrontada por seu principal oponente democrata com a narrativa: "O que você sabe sobre política? Você é uma garçonete!". Ela, então, respondeu: "Sendo garçonete, eu aprendi a servir. Se vocês políticos soubessem mais sobre servir o povo, esse país não estaria como está".

Ethos não tem necessariamente relação com a vida acadêmica, nem com as conquistas tangíveis, mas é a credibilidade do que você coloca na mesa. Quando a gente tem debate político, o ethos é muito colocado em pauta. É sempre uma questão de você questionar o caráter do outro. É uma das falácias que a gente vai ver adiante, que é a *ad hominem*.

Falamos principalmente sobre caráter, então, de um jeito ou de outro, o ethos é muito presente. É a primeira coisa que a gente pensa, inconscientemente, com nosso cérebro: *Por que eu vou comprar isto que essa menina está vendendo?* ou *O que esse cara está falando?*

Quando fiz meu site e você se inscreveu e comprou este livro, viu o que eu já tinha feito na vida. Viu que eu já tinha captado investimento em *Shark Tank*, que já tinha participado de *O Aprendiz*, do Roberto Justus, que eu dava aula na ESPM, que moro na Califórnia e trabalho num dos maiores grupos de comunicação do mundo. O que é uma metalinguagem, uma metanarrativa. Entretanto, ainda assim você foi checar o ethos, antes de concluir se fazia ou não sentido.

Este é o meu ethos: se a Maytê teve esse êxito todo na carreira, o seu conteúdo deve ser relevante. Um dos maiores exemplos de ethos que vivi foi quando consegui um visto intitulado Habilidades Extraordinárias (O1), para poder trabalhar nos Estados Unidos. Cartas de recomendação, prêmios, livros publicados, menções na imprensa... tive que reunir mais de 350 páginas de evidências de que seria uma mão de obra qualificada e "extraordinária" e entregá-las para o departamento de migração norte-americano.

Acreditar ou não são decisões que a gente toma inconscientemente.

Ethos é a primeira coisa que a gente sempre checa no discurso, além daquele que, inconscientemente, vem antes da prova lógica e antes do pathos em si.

Acredito ou não nesse político? Acredito ou não em meu líder? Acredito ou não nessa pessoa que está vindo ser entrevistada para uma vaga da empresa? Compro ou não o ethos dessa pessoa? E isso tem a ver muito mais com reputação e imagem do que com entregas tangíveis e dados sobre as conquistas da pessoa em si.

"Legal, Maytê, mas e o logos?" Ele é a prova lógica e a razão; é tudo aquilo que a gente precisa mensurar, medir, entender, verificar de alguma forma.

Então, a gente está falando de fontes acadêmicas, de pesquisas científicas, de dados.

Sabe aqueles discursos que começam: "90% das mulheres, 50% dos homens", "mais de três milhões de pessoas"? São discursos que tentam levar as pessoas para o campo da lógica.

Então, qual que é o perigo desse discurso?

Se ele for 100% lógico, não vai cativar sua audiência porque, de acordo com a Neurociência, a gente tem a parte do cérebro pré-frontal e a parte do cérebro límbico. A parte que pega os dados é o neocórtex, mas o que captura a atenção da gente, na região do sistema límbico, é a emoção, não a razão.

ETHOS ☆	PATHOS ♡	LOGOS ◯
Antídoto Pessoal	Histórias	Argumentos
Por que eu?	Emoções	Benefícios
Depoimento	Apelo Emocional (Raiva, Amor, Frustração...)	Fatos
Testemunhal	*Storytelling*	Imagens
Histórico	Empatia	Dados
História de Sucesso	Vulnerabilidade	Estatísticas
Credibilidade		Pesquisa Científica
Valores		Processos
Ideologia		Atributos de Produto
		Estudo de Caso

Então, o que eu sugiro: você tem que trazer a prova lógica para o seu discurso. Você tem que provar. É o que a gente chama na publicidade de "Reason to believe", a razão para acreditar.

Se eu quiser fazer você achar que a Amazônia é grande, vou te mostrar o mapa da Amazônia e compará-la com o território brasileiro. Se eu quiser mostrá-la de um jeito em que pareça pequena, vou mostrar o mapa-múndi (que é o dado lógico). Aí, ela vai parecer menor.

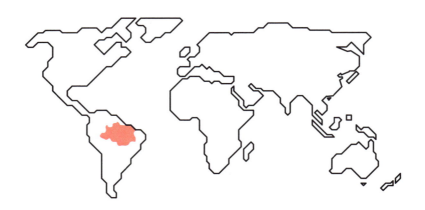

50

Se eu quiser fazer uma comparação em que eu faça algo parecer pequeno no Brasil, posso comparar o Brasil com a China ou com a Índia. Ambos são países muito mais populosos do que o nosso – então, qualquer coisa vai parecer menor, entende?

Quando você ler uma notícia, quando analisar um gráfico, quando alguém te contar alguma informação, pense nos parâmetros porque, às vezes, eles são lógicos, mas não têm a menor relação lógica. São apresentados como dados de logos, mas são falácias travestidas de razão.

E o coração?

Pathos diz respeito a tudo aquilo que nos emociona, tudo o que faz a gente ter empatia com a história narrativa que está sendo contada.

Para cada tipo de interlocutor, há um pathos diferente.

Eu diria: quando a gente está fazendo discurso para uma pessoa X, às vezes, o que vai funcionar com ela é um pathos, que emociona no sentido de misericórdia (falácia *ad Misericordiam*, que vamos ver mais para a frente).

Quando a gente está falando com outra pessoa, conforme o perfil dela, a misericórdia não vai funcionar. O que vai funcionar é a intimidação.

Todas essas provocações ou seduções ou intimidações dependem, entretanto, do nosso interlocutor.

Discursos mais orientados pelo pathos sempre vão provocar uma emoção, independentemente de qual seja.

Vou dar um exemplo: vídeo de ONG. Já viram esses vídeos do Greenpeace ou Médicos Sem Fronteiras? Eu posso achar um vídeo de uma criança na Somália, esquálida, passando fome, e despertar em você um sentimento ruim, alarmista, de misericórdia, de escassez. Ou posso, para a mesma causa, mostrar um vídeo do meu trabalho, levando médicos, comida e mantimentos para aquela região. Mostrar essas crianças mais saudáveis, correndo, brincando. Daí, colocar o material lá pra cima, fazer uma edição com as cores vívidas, saturadas.

Perceba que estou falando do mesmo tema; é um tema trágico, mas posso abordar de uma forma alarmista e pessimista ou posso soar otimista e esperançosa.

É assim que você trabalha o pathos. Como você vai escolher emocionar essa pessoa, como quer dizer "Yes, we can": otimista, para cima, à lá Barack Obama? Ou você vai querer dizer: "Eu vou transformar a gente em algo bom de novo", que é o discurso do Donald Trump?

Todos esses são discursos pathos. Não possuem dados, são narrativas que podem ser otimistas ou alarmistas, podem te colocar medo ou te trazer um sopro de esperança.

É assim que costumam ser os discursos políticos, de causas ambientais e até mesmo quando a gente está falando de um *pitch* de uma start-up.

Por que eu não posso fazer um discurso pathos em que eu diga "Eu quero democratizar a beleza"? No meu *pitch* no *Shark Tank*, fiz isso. É legítimo, é genuíno.

Você nunca vai deixar sua reputação de lado, então, é por isso que, muitas vezes, quando vemos um político contando uma história triste, não nos comovemos, porque conseguimos julgá-lo e perceber, através do ethos, "eu não vou comprar esse pathos". Eu não vou comprar essa história. Essas lágrimas são de crocodilo.

"Bom, gente, e é isso!"

NÃO!

Nunca termine uma apresentação com

"é isso."

Abordagens persuasivas de convencimento

PIST: Provocação, Intimidação, Sedução e Tentação

Agora que você já sabe sobre ethos, pathos e logos – que são os fundamentos da persuasão –, precisa conhecer também quatro estilos de narrativas e abordagens que a gente pode usar quando quer convencer alguém de algo.

Ethos, pathos e logos são indivisíveis, essenciais a qualquer discurso. Contudo, tal discurso pode ser apresentado de quatro maneiras diferentes: provocando, seduzindo, tentando ou intimidando. Vamos imaginar uma situação aqui: quero estimular meu filho a passar numa prova importante e decido presenteá-lo caso ele consiga. Eu posso passar a mesma mensagem de formas totalmente diferentes. Veja:

Provocação

Faz-se uma imagem negativa da competência do outro:
Duvido você passar na prova para ganhar uma bicicleta.

Intimidação

Faz-se um valor negativo que representa uma ameaça ao destinatário:

Se você não passar na prova, não ganha uma bicicleta.

Seducão

Faz-se uma imagem positiva do outro, ou seja, do destinatário:

Você é tão inteligente, tenho certeza de que vai passar na prova e ganhar uma bicicleta.

Tentação

O sujeito oferece um valor positivo:

Se você passar na prova, ganha uma bicicleta.

Quando eu quero tentar uma pessoa, vou oferecer um valor positivo para ela. Então, por exemplo, na frase "Se você passar na prova, ganha uma bicicleta", estou atrelando um valor positivo à condição de você passar nesse vestibular.

Quando eu falo na propaganda do Doril, por exemplo: "Tomou Doril, a dor sumiu", estou apresentando o valor positivo também, uma vez que você toma esse remédio, a sua dor de cabeça vai embora.

Eu poderia dizer para você: "Se você não tomar Doril, a dor não vai sumir", mas isso já seria uma intimidação, que é outro estilo.

Então, fazendo um paralelo, na tentação, sempre vou oferecer um valor positivo para o meu sujeito.

"Maytê, como que eu sei se eu vou tentar, provocar, intimidar ou seduzir?" Essa é a primeira pergunta dos meus alunos nas minhas aulas, na ESPM ou em palestras pelo Brasil.

A resposta é simples: conhecendo o seu interlocutor.

É muito importante conhecer o seu interlocutor. Se for uma pessoa narcisista, é muito bom você seduzir. Se for uma pessoa mais insegura, de alguma forma, é uma pessoa que gosta de ser provocada. Se for com alguém de caráter mais impetuoso, vale a pena você provocar. Claro, com responsabilidade, sempre!

Cada pessoa tem um repertório e uma formação diferente e é preciso levar em consideração o aspecto biopsicossocial do indivíduo:

Aspectos sociais e culturais: culturas europeias são diferentes das latinas, por exemplo.

Religiosos: a formação judaico-cristã é diferente da oriental, por exemplo.

Individuais: filho único? Estudou em escola Waldorf ou em colégio militar? Configuração familiar e princípios ensinados na primeira, segunda e terceira infâncias são importantes.

Nós apenas reproduzimos as dinâmicas que já conhecemos. É muito comum, se você tem uma mãe ou pai que te abordam de maneira passivo-agressiva, reproduzir isso com seus amigos e em seus relacionamentos. Observe o seu padrão de fala e abordagem e conheça o padrão do seu interlocutor também. O que pode ser considerado bom para sua criação, formação e cultura pode ser ofensivo para a de outra pessoa, então, é importante conhecermos o nosso interlocutor para não gerar dissonância cognitiva na nossa mensagem. Esse é um princípio básico da Teoria da Comunicação.

Vou dividir com vocês um exemplo pessoal: desde que me mudei para os Estados Unidos, tenho mudado também a minha forma de abordar as pessoas, especialmente no trabalho. Um autor de quem eu gosto muito, chamado Max Weber, escreveu um livro intitulado *A ética protestante e o espírito do capitalismo*. Nesse livro, ele aborda como a cultura americana é mais focada no *self*/indivíduo, meritocrática, num sentido filosófico e empírico, e pragmática. Segundo ele, para o protestante, o trabalho é um meio de prosperar, enquanto para o católico é um castigo por ter comido o fruto proibido.

O Brasil, por sua vez, colonizado por Portugal com uma evangelização feita pela Igreja Católica Apostólica Romana, tem como ethos vigente valores mais coletivos e não tão individuais e carrega consigo uma certa culpa atrelada à prosperidade e ao trabalho: como se fossem pecado a usura e o lucro.

Por que estou falando tudo isso?

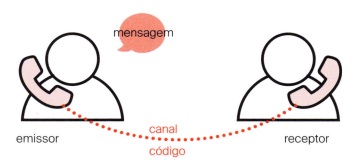

Porque isso muda tudo. Aqui, nos Estados Unidos, a minha comunicação é direta, sem rodeios, sem narrativas de sedução. O que aqui é considerado assertivo, muitos brasileiros considerariam grosseria ou "direto" demais. Essa é uma leitura social e cultural, mas quando eu me comunico, por exemplo, com meus amigos, que são engenheiros ou programadores, faço referências às áreas deles, como: em vez de dizer que algo não é nem oito nem oitenta, eu digo que não são binários. São pequenas sutilezas e toques que facilitam a minha comunicação porque estou usando palavras do repertório deles para me comunicar e gerando uma mensagem clara e sem ruídos.

Se eu fosse usar a intimidação nessa mesma frase do "Se você passar na prova...", eu colocaria "Se você não passar na prova, você não ganha a bicicleta".

É muito simples a mudança, mas estou fazendo uma ameaça ao destinatário. Está atrelada a um valor negativo para o receptor. A intimidação trabalha com isto: oferecer um caráter negativo ao meu interlocutor.

O exemplo de intimidação nem sempre vem atrelado a uma ameaça. Ao colocar "Se você não passar, você não tem a bicicleta", a intimidação é muito mais sutil e subliminar. Muitas vezes, a gente é intimidado e nem percebe. Somos intimidados pela namorada, pelo namorado, pelo chefe, pela mãe, pelo pai.

A gente está dizendo assim: olha, se não isso, não aquilo. Se você não clicar no vídeo, você não vai ser milionário. Lembra do vídeo da Bettina Rudolph, funcionária da Empiricus?

É um vídeo superintimidatório que, num primeiro olhar, parece uma narrativa muito mais sedutora, do tipo "Faça isso e ganhe muitos milhões". Só que ela fala: "A maioria das pessoas não investe. Se você não clicar aqui, se você não deixar o seu e-mail, se você não investir, você não vai ser milionário". Isso é uma intimidação.

A intimidação pode ser mais sublimar ou mais direta. Quando a gente falar das falácias, vocês vão perceber isso. A falácia do *ad Baculum*, que vem do porrete da guerra, é uma falácia que trabalha muito no campo da intimidação. Vamos estudá-la mais para a frente.

A provocação, por outro lado, vai duvidar do interlocutor, literalmente.

Então, seguindo nosso exemplo: "Duvido você passar na prova para ganhar uma bicicleta". Olha que forte isso! Eu estou provocando, questionando a competência do outro. É uma imagem negativa também da competência desse outro, e não do que eu vou atrelar a ele.

Eu não estou dizendo para ele "Você não vai ganhar um carro", a questão é que eu, o emissor da mensagem, duvido da sua competência para isso.

Por último, mas não mesmo menos importante, a sedução.

Eu diria que em 90% dos casos de publicidade dos políticos, e também nas nossas trocas pessoais diárias, a sedução é a narrativa mais utilizada.

Hoje em dia, a gente vive num mundo em que o espírito do tempo é narcisista. É quase uma patologia, eu diria. Um livro maravilhoso que eu amo e recomendo aborda isso: *A sociedade da sedução – Democracia e narcisismo na hiper-modernidade liberal*, do filósofo francês Gilles Lipovetsky.

O livro aborda a prática da sedução em todas as esferas da sociedade atual, mostrando que agradar e impressionar são, hoje, os verbos mandatários. A obra reflete sobre a arte da sedução em tempos de hipermodernidade, não apenas na esfera sexual e de relacionamentos, mas também na maneira como consumimos, na política, na educação e nas redes sociais, entre outras frentes. Segundo ele, hoje, agradar e impressionar tornaram-se verbos mandatários, abandonando outras formas de se inter-relacionar.

Fica aqui um convite para uma reflexão madura sobre a sociedade em que vivemos: se o narcisismo parece ser uma epidemia em tempos de Instagram e likes, e a abordagem persuasiva da sedução se faz cada vez mais presente, como podemos nos blindar e autoconhecer a fim de evitar cair nessa narrativa, seja como interlocutor ou receptor da mensagem?

Um outro exemplo recente é o filme coreano *Parasita*, em que vemos a narrativa sedutora presente durante muitos diálogos do roteiro. Essa é a principal narrativa utilizada na abordagem dos diálogos entre as famílias Kim e Park. Na minha opinião, eles passam dos limites considerados saudáveis da técnica persuasiva e beiram a psicopatia. Vamos analisar três elementos presentes nos diálogos (com spoiler):

1. Triangulação

Quando Ki-Taek, patriarca da família que presta serviços à família Park, entrega um cartão de uma suposta empresa de profissionais para cuidados para a casa, ele está triangulando a recomendação de sua esposa indiretamente. Além disso, valoriza o seu passe perante o sr. Park quando diz: "Fui abordado por eles para trabalhar para outra pessoa". Esse é um exemplo clássico de triangulação em que, ao aparentar ser um objeto de desejo para um interlocutor B, a pessoa se torna interessante para o interlocutor A. É aquela máxima freudiana do desejo: o ser humano não deseja o que intrinsecamente quer, mas sim o que o outro deseja – por isso, a balada que tem fila é mais desejada e o pedaço que sobrou do bolo, também. Se todos querem, é porque deve ser o melhor.

2. Escassez e urgência

Quando Kevin endossa Jéssica para a madame como professora de artes, ele diz: "Tenho que ver se ela tem agenda, porque ela anda muito ocupada". E cria um gatilho de escassez e urgência, muito utilizado também na publicidade. O "É só amanhã!" que faz com que nos sintamos pressionados a tomar uma atitude. Já que o assunto em questão se demonstra escasso, gera uma urgência à tomada de decisão.

3. Isopraxismo
(também conhecido como espelhamento)

Em diversas cenas do filme, nota-se que os personagens da família Kim imitam as palavras (em uma cena específica até mesmo aparecem decorando falas) mais utilizadas pelos Park a fim de gerar *rapport*. Isopraxismo é o ato de copiar o outro para confortá-lo, gerar confiança por meio da mimésis do vocabulário ou até mesmo dos gestos corporais.

O narcisista gosta de ser seduzido. Em vez de dizer que "Se você não passar, eu não te dou uma bicicleta" ou "Duvido você passar para ganhar uma bicicleta", se diz: "Você é tão inteligente! Tenho certeza de que vai passar na prova e ganhar uma bicicleta".

O emissor está fazendo uma imagem positiva da pessoa, "Eu seduzo no sentido de elogiar, no sentido de trazer acolhimento, atuar na vulnerabilidade dele e não de jogar a vulnerabilidade contra ele", que é o que o intimidador faz, o que aquela pessoa que duvida faz.

Eu reconheço as suas virtudes e, por isso, sei que vai dar tudo certo.

Esse é um caso em que, muitas vezes, não é preciso nem ser explícito, né? Muitas vezes, quando eu falo em sedução, as pessoas pensam que é um curso do *Hitch - O conselheiro amoroso*. Aquelas práticas de como conhecer e conquistar qualquer mulher, qualquer homem... "Fale com uma voz assim..."! Não é nada disso!

O sedutor, por definição, é uma pessoa que vai fazer uma competência positiva da imagem do outro e que vai muito mais ouvir o interlocutor.

Ele vai ter empatia ou, às vezes, vai emular a empatia, porque existe muito psicopata que emula a empatia, por isso é muito difícil identificá-los. (Cuidado! É preciso estar atento e vigiar!)

Ele vai ouvir a sua história, vai demonstrar cuidado, vai te dar atenção (que é o nosso ativo mais valioso hoje, a nossa atenção, o nosso tempo) e com as informações que você dá para ele, aí sim, vai te seduzir.

Ninguém está interessado em sua ideia tanto quanto você.

Isso é uma falácia! Como identificá-las (e como evitar cair em uma!)

Agora que você já viu sobre ethos, pathos e logos, e os quatro estilos de abordagem (intimidar, provocar, seduzir e tentar), chegou a hora de a gente conhecer mais uma camada no maravilhoso mundo da persuasão. Eu diria uma camada mais tática do discurso, que são as falácias. Se a persuasão fosse uma bolacha, as falácias seriam uma espécie de recheio do discurso.

É importante a gente conhecer as falácias porque elas são usadas o tempo inteiro, não é? A gente vive em uma era em que se consome muita fake news. Nos contam mentiras, enquanto dizem apenas meias-verdades.

Quantas vezes não fomos conduzidos, especialmente pela mídia ou políticos, a termos uma opinião que acreditávamos ser isenta e imparcial, porém, era carregada de vieses e intenções? Para comparar países usando critério per capita, por exemplo, precisa considerar população. Se um é muito mais populoso, tudo sempre parecerá maior.

Cada imagem e escolha de palavra é um código, mas, além disso, as comparações, exemplos e inclusive correlações feitas numa narrativa nem sempre implicam causalidade.

Da próxima vez em que afirmarem algo para você, desde políticos, passando por discussões em grupos do WhatsApp a notícias de jornal: desconfie. Comparado ao quê? Qual é o parâmetro? Existe alguma pesquisa que cruza os dois indicadores citados, isoladamente? Qual o método utilizado?

Na era de *click baits*, quando os veículos precisam de cliques para vender mídia, a tergiversação pode vir com cara de notícia, e a fake news mais difícil de perceber é aquela que se fundamenta em informações reais para ser contada, mesmo sendo ilógica e falaciosa.

"Isso é ruim ou é bom, Maytê?"

Eu não quero fazer um julgamento de valor aqui. O lance é que, mesmo que inconscientemente, a gente também usa falácias.

Quero colocar vocês todos na mesma página. Portanto, vou começar com uma das falácias que considero mais latente e presente em nossos dias atuais, a falácia *ad Hominem*.

FALÁCIAS

I. *Ad Hominem*: abusiva, circunstancial e *Tu quoque*

A falácia do *ad Hominem* ataca diretamente o caráter da pessoa que é a interlocutora da mensagem. Nessa falácia, eu não questiono a pauta que está sendo abordada, mas o ethos, a credibilidade, o caráter de quem e do que se está falando.

Existem três tipos de falácia *ad Hominem*:

ABUSIVA
CIRCUNSTANCIAL
TU QUOQUE

A pessoa A fala: "Comer açúcar faz mal". A pessoa B responde: "E beber cerveja? Você é praticamente um alcoólatra, bebe todos os dias. Acha que álcool faz bem para a saúde? Deixe eu comer meu chocolate em paz. Álcool é pior do que açúcar".

AD HOMINEM ABUSIVA

(*ad personam*): consiste num ataque pessoal direto ao caráter da pessoa que propôs determinado argumento.

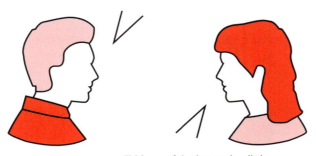

"Comer açúcar faz mal à saúde."

"Ué, você bebe todo dia! Beber álcool todo dia é pior para a saúde do que comer açúcar todo dia."

Nesse diálogo, ninguém está falando sobre o açúcar gerar no cérebro uma ação de liberação de endorfina e dopamina, e, por isso, viciar. Não estamos falando do açúcar ou do processo do açúcar. Eu só viro e falo: "Você bebe!".

É como alguém falar: "Evite comer gordura, porque faz mal à saúde". E o outro responder: "Você fuma! O que você sabe sobre saúde?".

A *ad Hominem* abusiva questiona diretamente o caráter da pessoa.

Por outro lado, a circunstancial vai questionar o contexto.

Ele vai falar assim: "Comer açúcar faz mal à saúde". Enquanto a pessoa B vai retrucar: "Você fala isso porque a sua família é dona de uma fábrica de aspartame. Você vende adoçante e é por isso que está falando que o açúcar faz mal. Tem um interesse econômico, político".

AD HOMINEM CIRCUNSTANCIAL

(*ad hominem circunstantiae*): quando a parcialidade da pessoa que propôs o argumento é posta em dúvida, indicando que teria algo a ganhar por estar defendendo determinado ponto de vista.

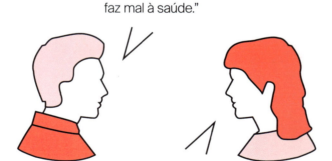

"Comer açúcar faz mal à saúde."

"Você diz isso porque a empresa da sua família vende adoçante."

Quando você questiona, temos a *ad Hominem* circunstancial, que também é um ataque à moral da pessoa, mas não é abusiva; é circunstancial. É importante lembrar o contexto, o.k.?

A terceira e mais clássica é a *Tu quoque*. É a famosa: "Ué, você também!".

AD HOMINEM TU QUOQUE

Também conhecida como a falácia da hipocrisia, pois o adversário é acusado de praticar aquilo que está colocando em questão.

É conhecida como uma falácia da hipocrisia, quando o seu adversário no debate fala: "Você também faz isso!".

Seguindo o mesmo exemplo, a pessoa A fala: "Comer açúcar faz mal à saúde" e o indivíduo B responde: "Ué, mas você também come açúcar todo dia! Você come bolo. Você acha que no bolo que você come não vai açúcar?". É o famoso "você também".

Um exemplo disso na cultura pop está no filme *O diabo veste Prada*. Quem já viu, lembra da Miranda Priestly? Pois bem. A Miranda concorre a uma promoção e acaba sabotando o amigo.

Andrea, a personagem da Anne Hathaway, entra no carro e censura a chefe: "Miranda, como você tem coragem de fazer isso? Ele era seu amigo!". Miranda responde: "Querida, como eu tive coragem de fazer isso? Você acaba de fazer isso com a Emily".

Não se coloca em pauta o assunto em questão, em vez disso, se questiona o caráter do orador: políticos utilizam muito esse tipo de falácia em debate, por exemplo.

Em vez de discutir políticas públicas e economia, prós e contras do sistema capitalista ou socialista, neste exemplo, ataca-se o caráter do orador:

"O socialismo está errado, a prova é tanta que olhe para você! Um dito socialista que usa iPhone, iPad, anda de carro importado...

Que moral você tem para me dizer que o socialismo é verdadeiro, seu socialista de iPhone?"

Resumindo, as diferentes categorias de falácias *ad Hominem* são:

Ad Hominem abusiva (*ad personam*)
Consiste num ataque pessoal direto ao caráter do proponente do argumento.

Ad Hominem circunstancial (*ad hominem circustantiae*)
Quando a capacidade do proponente do argumento é posta em dúvida, indicando que teria algo a ganhar com a defesa do ponto de vista.

Tu quoque
A falácia da hipocrisia, pois o adversário é acusado de ter o mesmo hábito.

2. *Ad Baculum*

Outra falácia que é muito usada nos dias de hoje, principalmente na política, é a falácia *ad Baculum*: o argumento do porrete, da coação.

É como se a gente estivesse, de uma certa forma, intimidando o outro e apelando para a consequência por meio do medo.

Ao colocar o medo, ao citar a força, eu manipulo você a fazer aquilo que quero, a me entregar o que desejo, usando também o meu ethos, a minha autoridade.

Geralmente, as pessoas que usam o *ad Baculum* têm um ethos muito forte.

É muito difícil você ver uma pessoa que intimida com um ethos fraco. Sem ele, ela seria incapaz de colocar medo em você. Então, o que causa medo da falácia do *ad Baculum* é o poder que o seu interlocutor tem.

É o que nos faz pensar: *Cara, se eu não fizer o que ele quer, se não acontecer tudo que ele fala, eu estou ferrado.* Vale ressaltar que essa pessoa geralmente é muito poderosa.

Ad Baculum é uma falácia de intimidação, é uma falácia da força.

AD BACULUM

O apelo à força (*argumentum ad Baculum*, lit.): Argumento do porrete, é uma falácia em que a força e a coerção são apresentadas como argumentos para concordar com o autor da conclusão. Pode também estar relacionada ao apelo à autoridade, quando se usa do poder de ser autoridade em determinada situação para convencer alguém de um argumento.

João, famoso político, **tweeta:**

Se vocês votarem na Joana, nosso país estará fadado ao desemprego e insucesso. Pessoas irão morrer de fome. Vocês realmente querem votar na Joana e deixar o país desabar?

3. *Ad Populum*

A *ad Populum* – que vem do latim "apelo à multidão" – trabalha o modelo falacioso de acordo com a quantidade.

Diferentemente daquela falácia em que colocamos medo, em *ad Populum* falo assim: "Nove entre dez dentistas aprovam a marca de creme dental X". Observe que não estou dizendo, por exemplo, que um médico famoso e renomado recomenda isso (que é uma outra falácia que abordaremos a seguir). Eu estou falando: "Vários médicos recomendam isso". Eu coloco um apelo à quantidade para justificar que algo é bom ou ruim.

AD POPULUM

Argumentum ad populum (apelo à multidão) é uma expressão latina que define um raciocínio falacioso que consiste em dizer que determinada proposição é válida ou boa simplesmente porque muitas pessoas (ou a maioria delas) a aprovam. Também chamado de apelo à quantidade, o argumento é inválido, pois nada garante que algo seja verdadeiro ou correto apenas pela sua popularidade.

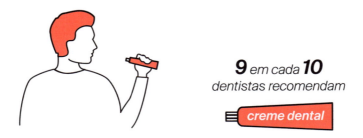

4. Ad Verecundiam

Oposta à *ad Populum* está a *ad Verecundiam*, que é um discurso 100% pautado no ethos do que eu estou me referindo.

Nele, eu digo: "O médico famoso e renomado usa essa pasta de dente", por exemplo.

Seria como o papa dizer que a Igreja concorda com o divórcio. Eu não estou dizendo que a maioria dos padres disse que concorda com o divórcio na Igreja Católica. Eu estou usando o papa, a autoridade máxima desse sistema.

A falácia *ad Verecundiam* sempre vai trabalhar uma falsa lógica atrelada à autoridade.

Qual é o perigo dela?

Quando jogo um ethos muito valioso ao meu interlocutor, ele tende a não refletir de uma maneira crítica. Não reflete de uma maneira inteligente sobre o teor editorial que é apresentado. Eu compro a ideia pelo ethos dele, pela *ad Verecundiam* dele. É uma falácia que evoca muito o ethos.

Então, quando vejo uma celebridade dizendo: "Comprei esta marca de carro" ou "Comprei este batom", é um apelo à autoridade. A publicidade se utiliza muito desse apelo.

AD VERECUNDIAM

O argumentum *ad Verecundiam*, ou *argumentum magister dixit*, é uma expressão em latim que significa apelo à autoridade ou argumento de autoridade. É uma falácia lógica que apela para a palavra ou reputação de alguma autoridade a fim de validar o argumento.

Joana tweeta:

Obama, Martin Luther King, até o Papa já disse que a luta pelos direitos humanos importa! Como pode, em pleno séc. XXI, um chefe de estado não se importar? Segundo Hegel, esse argumento...

5. *Ad Misericordiam*

Uma falácia muito utilizada principalmente pelas crianças é o *ad Misericordiam*, que é o apelo à misericórdia, literalmente falando.

É quase uma chantagem, do tipo: "Eu seria tão feliz se tivesse um cachorrinho! Eu só não sou feliz porque eu não tenho um cachorrinho".

Além disso, muitos adultos também utilizam a *ad Misericordiam*. De uma maneira sutil e um pouco mais subliminar, mas utilizam. É uma falácia que evoca o "dó" do interlocutor e vitimiza o emissor da mensagem.

O fato é que a *ad Misericordiam* evoca um lado mais pathos. É, portanto, uma narrativa que evoca sentimentos.

AD MISERICORDIAM

Apelo à misericórdia (do latim: *argumentum ad Misericordiam*) é uma falácia. Consiste em ganhar a simpatia do adversário apresentando-se como uma pessoa digna de pena.

"Eu poderia estar roubando, mas estou aqui oferecendo essa rifa pra você comprar e me ajudar a pagar meu aluguel."

6. Falso dilema

Uma falácia que é muito utilizada, principalmente em relações pessoais, e demonstra o viés abusivo em tais relações, é o falso dilema. O falso dilema nos apresenta uma dicotomia que na realidade não existe.

"Quem não está comigo, está contra mim."

"Brasil: ame-o ou deixe-o."

Eu posso não amar o Brasil porque sei de todos os problemas econômicos, ambientais e sociais que ele tem, sem necessariamente ter que sair do país. Eu posso continuar aqui, lutando, exercendo minha voz ativa, cobrando uma prestação de contas aos políticos.

Por que tenho que amar ou deixar meu país? Para ser conduzida mais facilmente como cidadã?

A narrativa tem um viés, muitas vezes, de controle, de persuasão. Até mesmo no sentido do âmbito político.

A gente precisa ficar atento às falsas dicotomias, aos falsos dilemas.

"Quem não está comigo, está contra mim."

"Ou eu ou o seu trabalho."

"Ou eu ou seus amigos e a sua saída de final de semana."

Gente, vou dar uma dica importante: foge. Se alguém ficar usando esse tipo de abordagem com você, fuja!

"Quem não está comigo, está contra mim."

7. Generalização apressada

A falácia da generalização apressada tende a ser, de certa forma, reducionista.

A generalização apressada nada mais é do que considerar exceções como regras. Ou pegar estereótipos – muitas vezes até mesmo preconceituosos – além de indícios da sociedade e transformá-las em máximas.

Então, quando falo: "Isso é coisa de mulher", "Isso é coisa de homem", "Mulher faz isso, homem faz aquilo", "Homens usam azul, mulheres usam rosa", estou fazendo uma generalização apressada.

Você deve se perguntar: "Isso é consciente?".

Não, respondo.

A gente carrega isso e muitas vezes repete as dinâmicas que conhece.

Vou dar um exemplo: no tópico anterior, falei sobre os falsos dilemas. Às vezes, a pessoa cresceu ouvindo o pai e a mãe dizendo isso. Ou teve um professor na primeira, segunda ou terceira infâncias que dizia isso com frequência.

GENERALIZAÇÃO APRESSADA

Também conhecida como a falácia da generalização não qualificada e falácia do acidente. As regras ou leis simplistas raramente levam em consideração exceções legítimas, e ignorar essas exceções é ignorar a realidade para preservar a ilusão de uma lei perfeita. As pessoas gostam da simplicidade e muitas vezes preferem manter a simplicidade ao custo da racionalidade.

"Você sabe como é, mulheres usam rosa! Rosa é cor de menina."

Então, a nossa fala reflete muito o nosso comportamento e as dinâmicas que conhecemos. Só reproduzimos o que conhecemos. Por isso, é importante fazer terapia.

Abrirei superparênteses neste capítulo porque, quanto mais a gente se conhece, mais nos tornamos capazes de entender quais são os nossos dilemas-padrão.

Nos tornamos mais potentes à medida que conseguimos controlar os nossos demônios.

8. *Post hoc*

É uma falácia muito curiosa e muito utilizada pela mídia, por políticos e nas relações em geral.

POST HOC ERGO PROPTER HOC

Só porque A acontece juntamente com B não significa que A causa B. Determinar se existe, de fato, uma relação de casualidade requer uma investigação adicional, pois cinco situações podem ocorrer nesse caso:

1. A realmente causa B;

2. B pode ser a causa de A;

3. Um terceiro fato C pode causar tanto A quanto B;

4. Pode ser uma combinação das três situações anteriores. Por exemplo: A causa B e, ao mesmo tempo, B também causa A;

5. A correlação pode ser apenas uma coincidência, ou seja, os dois eventos não têm qualquer relação além do fato de ocorrerem ao mesmo tempo. (Em estudos científicos, utilizar uma amostra grande ajuda a reduzir a probabilidade de coincidência.)

Nos últimos 10 anos aumentaram os casos de câncer de orelha.

Nos últimos 10 anos houve o advento de smartphones.

Logo, smartphones causam câncer de orelha.

9. Inversão do ônus da prova

Uma argumentação baseada na inversão do ônus da prova assume geralmente a seguinte forma:

Eu afirmo algo.

Você não aceita essa afirmação.

Então, você deve provar que isso é falso.

É, portanto, invertida a ordem lógica, que deveria ser:

Eu afirmo algo.

Você não aceita.

Então, eu devo provar que isso é verdadeiro.

Ou seja, o argumentador A faz uma afirmação, mas não se dispõe a prová-la, transferindo para o adversário B a obrigação de comprová-la.

Existe ainda uma forma sutil de inversão, como quando duas pessoas fazem cada qual uma afirmação e uma delas exige que a outra prove que a negação da sua afirmação está correta. Por exemplo:

A: A ciência é a única fonte de verdade.
B: A religião é a única fonte de verdade.
A: Prove que a ciência não é a única fonte de verdade.
B: Prove que a religião não é a única fonte de verdade.

No exemplo acima, ambos os argumentadores aplicaram a inversão do ônus da prova um contra o outro.

Juridicamente, a inversão do ônus da prova é aplicada quando o acusador é a parte mais fraca. Exemplo: O ex-funcionário afirma que ficava após seu horário de saída, o ex-empregador deve apresentar os cartões de ponto para provar que não é verdade.

10. Falsa analogia

A falsa analogia ocorre quando a semelhança entre dois objetos é o ponto de partida para uma conclusão. Com certeza, você já caiu nessa e/ou se utilizou dela.

Eu brinco que é como comparar laranja com maçã: ambas são frutas, mas as duas são diferentes. No entanto, há essa afinidade em comum.

Qual é a dificuldade de a gente perceber que está caindo em uma falsa analogia? O fato de ela parecer legítima. Ela parece lógica, mas não é.

É praticamente um sofisma.

Sofisma é o argumento ou raciocínio concebido com o objetivo de produzir a ilusão da verdade, que, embora simule um acordo com as regras da lógica, apresenta, na realidade, uma estrutura interna inconsistente, incorreta e deliberadamente enganosa.

Exemplo: por que os estudantes não podem fazer prova com consulta? Todo estudante deveria fazer uma prova e levar livros para consultar. Porque, afinal de contas, o médico quando vai dar um parecer clínico de diagnóstico tem ali os papéis à mão, com os exames para consultar. Um advogado pode levar um código penal para fazer uma consulta com o cliente ou até mesmo no Tribunal de Justiça.

Por que o estudante não pode levar um livro durante a prova?

Esse tipo de afirmação não parece um pouco legítimo?

Qual é a incongruência?

O advogado e o médico já se formaram; logo, eles não estão em um período de formação e de aprovação.

Portanto, já provaram que são aptos a exercer aquele ofício.

Desta forma, a consulta não está pesando para que ele seja aprovado no teste. Já o estudante, não. Ele precisa ser aprovado nesse teste, para, então, ter o exercício desse ofício.

É muito fácil cairmos no evento de falsa analogia.

Por isso, nós temos sempre que entender se os argumentos têm semelhanças que são de fato congruentes ou apenas aleatórias, usadas para ludibriar minha argumentação ou discurso.

Discurso persuasivo nos negócios: *pitch*

Antes de entrar na parte tática e estratégica de como estruturar uma narrativa persuasiva de um *pitch*, era necessário que eu passasse estas informações sobre mindset, mentalidade e crenças.

Isso porque muito do que faz a gente ser persuasivo ou não é o nosso estado de espírito.

Se você chega para fazer um *pitch* ou uma apresentação, vender algum projeto ou ideia, e está tímido, invertebrado, mal... Se não sente confiança no que vai dizer, e não falo apenas de postura corporal, mas se na sua cabeça você se sente um impostor, inferior... esquece. Não tem livro de persuasão no mundo que vai te ajudar!

Portanto, é preciso trabalhar algumas questões.

Eu tenho algumas táticas que me ajudaram muito, todas as vezes em que fui fazer alguma apresentação importante ou enfrentar uma reunião com uma pessoa que é superpoderosa, muito rica ou muito famosa.

Imaginem vocês, eu com 18 anos, discutindo com empresário milionário na sala de reunião.

Depois, com meus 20 e poucos anos, fazendo *pitch* para os tubarões do *Shark Tank*.

A primeira dica que tenho foi a minha amiga Michelle Obama quem deu: "Eu já estive sentada à mesa com as pessoas mais poderosas do mundo e, acredite, elas nem são tão inteligentes assim".

Eu acredito nisso.

Às vezes, a gente idealiza e fica com medo e reticente, mas não tem por que ser assim!

Pessoas são pessoas. A gente precisa entender isso. Elas possuem suas fragilidades, seus demônios, seus vícios e suas virtudes.

E se a Michelle Obama falou, tá falado.

A segunda dica que eu daria é: dinheiro é commodity. Não interessa se o cara é bilionário. Se ele está na sua frente, se ele separou quinze minutos do dia dele para dar a você, naqueles minutos, naquele espaço de tempo, a hora de vocês vale o mesmo preço.

A hora de ninguém tem mais valor do que a de ninguém!

Se elas pararam seu tempo para falar com você, use isso a seu favor. E pense que, por mais bilionária que a outra pessoa seja, ela só tem dinheiro.

É só dinheiro.

O que você conhece, quem conhece, o que já estudou, o pé na bunda que já levou, o trauma que passou... isso só você tem. Só você viveu.

Isso é um privilégio, se aproprie disso.

Dinheiro não compra isso, é intangível.

A gente tem que valorizar o que é intangível.

A terceira dica é: a Beyoncé tem as mesmas 24 horas por dia que você.

Há pessoas que têm o costume de deixar que os outros esperem por horas a fio antes de recebê-los.

Se alguém fizer isso com você, marcar uma reunião às 16h, mas te receber às 16h30, com a maior cara de pau, dizendo: "Olha, desculpa, eu atrasei", você deve responder: "Fica tranquilo, eu separei uma hora do meu dia para esta reunião. Então, a gente vai fazer essa reunião em meia hora, tudo bem?".

Opa. Retomei o poder.

Controle o seu tempo, valorize o tempo do outro, respeite o tempo dos outros.

Outra dica de mentalidade: várias ideias de um milhão de dólares foram recusadas.

Vou te contar um segredo: a sua também vai ser!

Isso significa que ela é ruim? Não! Significa que sua ideia não está de acordo com a tese de investimentos de fundo, que o perfil do investidor é diferente da sua proposta de negócios... Pode significar tanta coisa para além de simplesmente dizer que tal ideia é ruim.

Por exemplo, este e-mail aqui é de um cara que se recusou a investir na Uber. Ele achou que era uma ideia furada. Ele até tuitou depois, "o cara que é meu amigo e investiu já está aposentado, e eu ainda estou aqui trabalhando. Se eu tivesse investido, já estaria multimilionário".

Os unicórnios, e até a Uber, já foram rejeitados! Várias ideias já foram rejeitadas - e está tudo bem.

Você não pode desistir ou achar que seu projeto é ruim só por causa de uma crítica construtiva. Você precisa aprender com ela, ver se faz sentido e colocar este feedback (ou não) em prática. Aliás, você não precisa aproveitar todo o feedback que recebe, o.k.?

Nem toda crítica é construtiva. Você precisa saber filtrar.

"Como que eu vou saber, Maytê?"

Primeiro: conheça a si mesmo.

Segundo: conheça as suas forças e as suas fraquezas.

Terceiro: conheça o seu projeto.

Se você sabe o que está vendendo, sua ideia, seu projeto, um projeto dentro da sua empresa, seja lá o que for, se você conhece e se apropriou daquilo, você sabe o sentido que aquilo faz.

Vá em frente. Não dê ouvidos aos haters. Os haters/críticos não estão na arena. Existe um ditado que eu amo, presente no discurso "Cidadania em uma República" (ou "O homem na arena"), proferido na Sorbonne por Theodore Roosevelt, em 23 de abril de 1910.

"Não é o crítico que importa; nem aquele que aponta onde foi que o homem tropeçou ou como o autor das façanhas poderia ter feito melhor.

"O crédito pertence ao homem que está por inteiro na arena da vida, cujo rosto está manchado de poeira, suor e sangue; que luta bravamente, que erra, que decepciona, porque não há esforço sem erros e decepções; mas que, na verdade, se empenha em seus feitos; que conhece o entusiasmo, as grandes paixões; que se entrega a uma causa digna; que, na melhor das hipóteses, conhece no final o triunfo da grande conquista e que, na pior, se fracassar, ao menos fracassa ousando grandemente."

Por último, mas não menos importante: pare de bancar o pequeno. Isso não ajuda o mundo em nada.

"Ai, muito obrigada por me receber, e muito obrigada por me dar um pouquinho do seu tempo. Eu sei que você é uma pessoa muito ocupada!"

Não! Encare de igual para igual.

Sorria, seja simpático sem ser arrogante, mas pare de bancar o pequeno.

"Nossa, que blusa bonita." E você responde: "Obrigada! Eu paguei cinco reais na Renner!". Chega!

Aceite elogios. Seja grande.

Repito: bancar o pequeno não ajuda em nada.

Pare de se autodepreciar!

Recebeu elogio? Recebeu feedback? Agradeça.

Aproprie-se disso.

Quando você brilha, autoriza imediatamente os outros ao seu redor a brilharem também.

Em vez de ficar naquela nuvem de mediocridade, sejamos todos brilhantes, potentes.

Assim, você autoriza os outros a brilharem também.

Não se encolha para caber num lugar que não é do seu tamanho. E, principalmente, se você sacar que é maior do que aquele espaço, vá embora.

Você não tem que pensar: "Tomara que os investidores gostem de mim", mas sim: "Tomara que eu goste destes investidores. Tomara que eu goste dessa pessoa que vai me entrevistar nessa vaga de emprego. Tomara que os valores, crenças e visão de mundo deles sejam alinhados aos meus – e, se não for, ali não me demoro".

Eu quero que você me prometa que, na próxima vez em que tiver uma entrevista de emprego ou uma reunião importante para apresentar um projeto, ou até mesmo um date com aquele crush do aplicativo que você ainda não conhece, seja lá o que for: você vai olhar no espelho e dizer: "Eu espero que eu goste deles". E não: "Eu espero que eles gostem de mim".

Durante muito tempo em nossas vidas, no primeiro dia de aula, ou em situações em que somos provados e testados, a gente desejou ser aceito, pertencer, ganhar aplausos. Quando a gente se coloca no lugar de escolher, retoma a voz ativa e o protagonismo da nossa vida. Não se trata de ser superior ou arrogante, mas sim de agir em pé de igualdade com o nosso interlocutor.

Como fazer um *pitch*

Agora que você já é um expert em falácias e recursos de retóricas e narrativas, eu queria passar para um módulo muito importante para você que trabalha fazendo apresentações, sejam elas *pitchs* de investimentos para sua empresa ou um projeto novo que gostaria de emplacar na sua área, ou até mesmo alguma empreitada que queira realizar.

Eu vou trazer uma notícia que é boa, mas preocupante. Não sei se alguém já te contou, mas ninguém está interessado na sua ideia. Não tanto quanto você.

É duro ouvir isso, não é?

Ainda mais perguntas idiotas do tipo: "Quem aqui quer ser rico e com saúde?". Todo mundo vai levantar a mão, entendeu? Então, se torna algo constrangedor. Em vez de começar fazendo esse tipo de pergunta, que pode colocar em risco a atenção da plateia, diria para você começar de uma maneira provocadora.

Por quê?

Porque a narrativa da provocação faz a pessoa parar de pensar nos boletos ou contar os azulejos da parede e prestar a atenção naquilo que você está falando.

Quando você coloca até mesmo um slide mais provocador, consegue capturar, de verdade, a atenção do seu interlocutor.

Então, eu gosto sempre de deixar alguma coisa mais enigmática.

Quando eu fazia o *pitch* da b.pass, deixava escrito assim: "Beleza importa". E não falava nada. Ficava só o slide lá.

Daí, um olhava para a cara do outro e eu via que gerava uma tensão.

Tudo o que gera tensão gera atenção.

Então, eu começava a falar: "Beleza importa. Importa tanto que no Brasil o mercado de beleza movimentou mais do que a saúde e a educação básica em tamanhos endereçáveis de mercado. Somos o terceiro maior consumidor de beleza do mundo...".

Começava de maneira provocadora, subversiva.

O terceiro aspecto do *pitch* de qualquer narrativa de *storytelling*, principalmente, se for mais persuasiva - é dramatizar o problema.

A gente passa tanto tempo pensando, sonhando, lendo, estudando, fazendo. E, quando vai fazer o nosso *pitch*, a gente acha que todo mundo está interessado no assunto que a gente tanto estuda e gosta.

Não está.

Então, essa é uma premissa básica para quando a gente for fazer uma apresentação, e aqui eu estou falando de estrutura, da narrativa do *storytelling*[4] e da construção dos slides que você for fazer. Ninguém está interessado em sua ideia tanto quanto você.

Por isso, partindo dessa premissa, é possível capturar a atenção do nosso interlocutor, da nossa audiência.

A primeira dica que eu daria é: comece essa apresentação de uma maneira provocadora – e eu evitaria fazer perguntas, tá?

Por quê? O que acontece quando você faz perguntas? Você pode dar um tiro no pé. "Quem é que nunca teve problema em abrir uma conta de pessoa jurídica?" Cara, se você não conhecer a sua audiência, e não souber se eles tiveram problema com isso ou não, vai ficar aquele "cri-cri" na plateia e vai ficar superconstrangido e perder a sua audiência naquele momento.

Então, eu, particularmente, acho que é uma roubada você começar com perguntas.

---

4 *Storytelling* é uma palavra em inglês que está relacionada a uma narrativa, e significa a capacidade de contar histórias relevantes. Em inglês a expressão *"tell a story"* significa "contar uma história", e *storyteller* é um contador de histórias.

Isto vai fazer com que você gere empatia no seu interlocutor.

O PROBLEMA

Dramatize o problema com números expressivos e conclua uma visão sobre a indústria, mercado e futuro.

Colocar o ouvinte dentro do problema, mesmo que ele não seja a persona. Ou seja, o tipo de gente que sofre com esse tipo de desafio.

Quando dramatizo, eu consigo gerar mais empatia mesmo, no sentido de tangibilização, ao falar: "Nossa, eu não sabia que as mulheres tinham tanta dificuldade e gastavam tanto com marcas de beleza. Eu não sei, nunca comprei um esmalte, nunca pintei a unha...".

Agora você imagina o que foi para eu poder fazer *pitch* de investimento da minha start-up numa reunião dominada por homens, que nunca se relacionaram com cuidados e com beleza como nós, mulheres, costumamos nos relacionar...

Eu tinha que fazê-los calçar os meus sapatos, por assim dizer.

Uma outra coisa, para deixar o slide mais bonito, é usar um aplicativo gratuito, que tem na internet também, chamado Canva (disponível em canva.com). Você consegue dar um supertapa nos seus slides, que ficam lindos. Ele também faz post para Instagram, apresentação, pictogramas etc.

Como vocês podem ver, eu gosto sempre de colocar tudo muito estourado, grandes números, pictogramas que sintetizem o seu problema etc.

Dramatize o problema. Coloque uma frase sobre a mudança do mercado, de apelo visual.

"x milhões de pessoas, X milhões de reais, 10 bilhões de lojas." Os principais problemas que ainda existem e que a sua empresa ou o seu projeto se propõem a resolver.

Uma breve explicação desse problema, de uma certa forma.

Então, aplicando o exemplo da b.pass: "O mercado de beleza movimenta 100 bilhões... são mais de tantas mulheres que têm dificuldade de agendar... Mil procedimentos que são feitos por ano no Brasil. E o mercado é assimétrico, pulverizado e está em consolidação" etc.

Assim, eu consigo mostrar destaques, *highlights*, e ajudo o processo cognitivo do meu interlocutor a entender o que estou dizendo por meio desses recursos visuais.

O quarto aspecto do *pitch* é o tamanho de mercado.

O que é o tamanho de mercado? É o racional envolvido para que você consiga mostrar, principalmente se for um investidor, que o mercado é grande o suficiente para justificar o investimento dele.

Uma metodologia que se utiliza bastante, neste momento, é o TAM, SAM e SOM (Total Addressable Market, Serviceable Addressable Market e Serviceable Obtainable Market), que nada mais é que "o mercado de beleza no Brasil é de 100 bilhões" *versus* "o mercado de beleza no Estado de São Paulo é de 6 bilhões" *versus* "o mercado mensal de beleza do Brasil cresce" *versus* "no Estado de São Paulo, especificamente na classe C, o mercado de beleza é de 500 milhões".

Então, é essa fatia que vou atingir. Aqui, você dimensiona se a gente está falando de um mercado bilionário ou milionário ou multimilionário. Eu uso ordens de grandeza para este mercado.

TAMANHO DO MERCADO

TAM	TOTAL ADDRESSABLE MARKET
SAM	SPECIFIC ADDRESSABLE MARKET
SOM	SPECIFIC OBTAINABLE MARKET

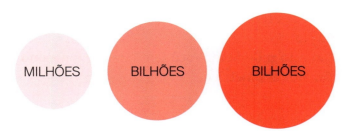

Porque, muitas vezes, o investidor vai querer falar assim: "Qual que é o tamanho desse bicho?". Se eu não entendo desse mercado, não consigo quantificar.

E aí você já está mostrando para a pessoa que está querendo investir, se você se adequa ou não à tese de investimento dela.

O quinto aspecto é a solução. E aqui acontece, principalmente, com projetos que estão incipientes.

Você identificou um problema que quer resolver com a sua start-up, com o seu projeto, com o seu filme, mas você ainda não criou o projeto direito.

Você ainda está num estágio muito incipiente.

Aí você vende, vende o projeto, vende o problema, mas, na hora de vender a solução, fala rapidinho, olhando para baixo, e não apresenta mais do que um slide.

Gente, para tudo. Você tem que dar a mesma importância à solução que dá ao problema.

Não adianta falar: "A Maria queria alugar um carro, tentou na empresa líder de mercado e não conseguiu porque era muito caro, tentou em outros lugares, e não conseguiu, por isso, criei a solução de um carro rápido e barato". Próximo slide. Não!

Se você dramatizou o problema, dramatize também a solução.

E aí está tudo bem. Você tem que dar o mesmo peso, se não, fica assimétrico.

SOLUÇÃO

Foco. Mostre para os investidores que você tem o pé no chão. O problema pode ser múltiplo, a solução é uma só, evite chavões.

Não adianta mostrar um problemão grande e horroroso e vir com uma soluçãozinha pequena. É necessário estar à altura.

É muito importante também, quando você for mostrar a solução, não ficar apenas num campo intangível de proposta de valor, de missão, visão e valores.

Portanto, se você mostrar o seu *job to be done*, pense: a sua solução vai ser contratada para resolver qual problema?

Eu gosto de dar um exemplo para falar sobre *job to be done* que é: se eu quero pendurar um quadro na parede, posso pendurá-lo com uma furadeira, com fita adesiva ou com prego e martelo.

Cada um tem uma proposta de valor diferente. Um não suja, o outro é mais fácil, o outro dá mais trabalho mesmo. Sendo propostas de valores diferentes, o *job to be done* deles é o mesmo. É um quadro na parede. O meu *job to be done* é pendurar o quadro na parede e os três servem para isso.

Por isso, eu provoco vocês a pensarem o *job to be done* não apenas sobre sua proposta de valor. Assim, você vai conseguir tangibilizar muito melhor a solução que o seu projeto ou a sua empresa oferecem.

Produto. Aqui, meu filho, é a hora de brilhar, de imaginar a apresentação ouvindo aquele "ohhhhhh"... entendeu?

Mostre um slide maravilhoso do seu produto, com o seu serviço, use e abuse, se for no software, se for um app, procure mostrá-lo em uso.

DEMO DO PRODUTO

Tudo o que você puder fazer que enalteça a sua plataforma, a sua solução, essa é a hora de usar.

Se você já tem tração... o que é tração? É: "Eu tinha 50 usuários, agora eu tenho 100, 150".

É onde você mostra o quanto cresceu e o quanto está faturando.

E mostra também a base de clientes, o valor recorrente - cada negócio e cada projeto têm um indicador de performance diferente, são os KPIs (Key Performance Indicator).

Escolha quais são os seus e mostre.

Gráficos, aqui, são muito bem-vindos. Principalmente se for um gráfico que sobe, de crescimento (porque se for um gráfico que desce, sugiro que você melhore o seu negócio e de fato faça a sua base crescer).

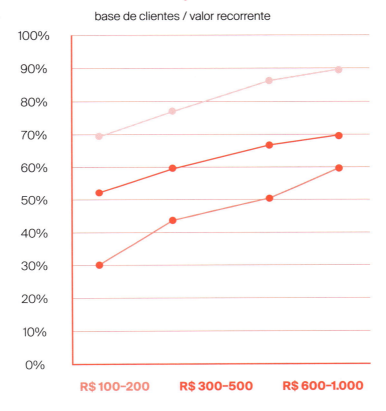

GRÁFICO QUE DEMONSTRE CRESCIMENTO

Modelo de negócio. Como é monetizar isso?

Eu já vi várias apresentações que falam, falam, falam, mas não contam como você vai ganhar dinheiro. É o marketplace? É um e-commerce? É um software? Você ganha pela transação? Você ganha pela assinatura? Como você monetiza? Por onde o dinheiro entra e por onde o dinheiro sai?

MODELO DE NEGÓCIO

modelo de negócio / ciclo de vida do cliente		
CLIENTE A	XYZ	XYZ	XYZ
CLIENTE B	XYZ	XYZ	XYZ
CLIENTE C	XYZ	XYZ	XYZ

COMO VOCÊ MONETIZA

Quando se trata de ONG, não é um projeto que visa a monetizar a ação. É um projeto solidário, pertencente ao terceiro setor. Isso tem que constar em seu indicador de performance de uma maneira que possa tangibilizar.

Se é um software, quantas pessoas cancelaram a sua assinatura? Esse dado é importante. A quantidade de novos usuários por mês é importante.

Se é marketplace, qual é o custo de aquisição por usuário? Ou seja: quanto custa para você trazer um usuário para sua base? Qual é o tempo que ele passa na sua base? São os dados mais importantes, nesse caso.

Seu diferencial é o nosso sexto ponto.

O que você tem que o seu concorrente não tem?

O que faz você ser diferente, melhor do que os outros?

Acho que é sempre muito produtivo colocar um gráfico com a sua empresa, o seu projeto, e os que já existem no mercado. Isso se chama *benchmarking*, em que você vai entrar um pouco mais nos detalhes, mas, óbvio, sem exagerar.

VANTAGENS COMPETITIVAS

	USABILIDADE	ATRIBUTOS	PORTFÓLIO	CAPILARIDADE
SUA START-UP	XYZ	XYZ	XYZ	XYZ
START-UP A	XYZ	XYZ	XYZ	XYZ
START-UP B	XYZ	XYZ	XYZ	XYZ

O QUE TE DIFERENCIA DOS OUTROS

Visão. Isso é muito importante.

Você precisa mostrar que, independentemente de estar fazendo aquilo há seis meses ou 1 ano, possui uma visão de longo prazo.

Mostrar que está nessa para ganhar.

É necessário apresentar como vai ganhar esse mercado no futuro. Ele vai se consolidar? Vai descer a base de especificação? Vai se internacionalizar? Com que premissas você está criando isso?

Você também precisa entender o raciocínio lógico-estratégico, o famoso *assumptions*. Quais são as premissas que está levando em consideração para fazer isso?

Então, vender uma visão é mostrar que você tem futuro. Mostrar que tem, literalmente, visão de longo prazo.

Como você vê esse projeto daqui a seis meses? Daqui a 1 ano?

PRÓXIMOS PASSOS

	2 MESES	6 MESES	12 MESES	24 MESES
PRODUTO	XYZ	XYZ	XYZ	XYZ
MODELO DE NEGÓCIO	$ 1M	$ 2M	$ 3M	$ 5M
MARKETING	$ 500K	$ 800K	$ 1M	$ 2.5M

PREVISÕES DE CURTO E MÉDIO PRAZO

Se você estiver captando, o famoso *fundraising* (captação de fundos de investimento), não vai colocar lá que está pedindo dinheiro, o.k.?

Você está oferecendo uma oportunidade!

Ressignifique como falar isso. Explique como vai fazer para usar esse dinheiro, quais são os objetivos etc.

"Eu preciso de 500 mil reais para ampliar meu marketing, meu time de vendas."

"Hoje só estou faturando tanto porque não consigo mais ter capital para investir na base de captação. Se tendo X eu consigo Y, se eu tiver 2X eu consigo 2Y. É pra isso que eu preciso investir esse dinheiro."

Previsão de números: a regra de ouro é você fazer projeções lógicas e concretas.

(*early stage*) em aceleradoras e investimento-anjo geralmente possuem esse tipo de discurso.

Tech Pitch: esse é o clássico *pitch* "Vale do Silício", em que a tecnologia em si pode ser mais valiosa como ativo do que o time/visão: a maioria das empresas são focadas em *deep tech*, algo como supertecnológicas. No caso do ecossistema brasileiro, no qual temos muitos *marketplaces* e soluções menos "software", a tração (*traction pitch*) costuma ser mais importante.

Team Pitch: é quando você já vendeu dez empresas, é multimilionário, vai lançar uma empresa nova, você ainda não sabe muito bem o que vai ser, mas você está abrindo uma rodada de captação para quem quiser ser *team player*. Quando você está comprando o fundador, significa que é um *pitch* muito focado em ethos. Um exemplo de *team pitch* foi o de quando os fundadores da 99 Taxis decidiram criar a Yellow, de bicicletas compartilhadas. Os investidores devem ter pensado: se eles conseguiram vender a 99 Taxis por 1 bilhão, vou querer estar com eles na próxima empreitada. E o fundo Monashees investiu logo no começo do projeto da Yellow (eram investidores da 99 também).

Já o *Traction Pitch* ocorre quando eu e o meu sócio somos pessoas medianas, não temos uma visão fora da caixa, nenhuma tecnologia das galáxias, mas a gente já está faturando e crescendo mais de 30% ao mês. Então, você vende tração.

O ideal é que você consiga ter uma empresa tão sólida, tão boa, que ela passe por todos esses quatro

Você foi lá, começou na alta, dramatizou, apresentou a solução, falou quem são os caras que vão comprar essa briga, quem vai fazer, quem vai acontecer e você vai terminar com "É isso!"? Não! Termine na alta e fale o que você quer.

"E é por isso que estou aqui buscando investimento, mentoria, buscando parceria, conselho." Diga o que você quer e termine com um *call to action*, que é um convite à ação.

No meu *pitch*, eu falei: "E eu quero saber quem de vocês vai entrar nessa escolha inteligente conosco".

Eu não falei "é isso". Fiz um *call to action*. Começou na alta, termina na alta.

Tipos de *pitch*: *Vision, Team, Tech* e *Traction*

Se a gente fosse dividir os tipos de *pitch*, principalmente falando agora de start-ups ou empresas, eu diria que há quatro tipos diferentes.

Vision Pitch: geralmente esse tipo de *pitch* funciona quando você e seu cofundador possuem uma visão muito boa do mercado (ele está em consolidação, ou fragmentado, ou analógico, ou em plena digitalização...). Você tem uma leitura do mercado muito clara de quem possui experiência no segmento: geralmente são *pitchs* feitos por profissionais que trabalharam 10, 15 anos num setor específico e conseguem ter leitura de padrão e pesquisas do mercado o suficiente para prever alguns movimentos do segmento, por isso, *visão*. Start-ups em estágio inicial

Coloque todas as logomarcas lá: eu estudei na ESPM, fiz o projeto com a Unilever... Óbvio, é preciso ter noção. Eu trabalhei para a Vivo, trabalhei com Cyrela, mas não coloco na minha apresentação porque eu não trabalho com construção civil, nem com telefonia. Trabalho com cosméticos, moda e beleza, então, coloco lá: Boticário, Unilever etc.

Você tem que ser estratégico nessa decisão. Não vai contar: "Quando eu tinha 12 anos, venci a Olimpíada de Matemática", porque a não ser que você seja um matemático e o seu projeto seja sobre matemática, isso não soma muito à história.

"Bom, gente, e é isso!"
NÃO!
Por último, mas não menos importante, nunca termine uma apresentação com "É isso!"
Não é isso.

NÚMEROS

	2019	2020	2021	2022
USUÁRIOS	100K	500K	1M	2M
RECEITA	$ 1M	$ 2M	$ 3M	$ 5M
VALOR LÍQUIDO	$ 500K	$ 800K	$ 1M	$ 2.5M

NÚMEROS CONCRETOS BASEADOS NO HISTÓRICO E PREMISSAS DO *BUSINESS PLAN*

Quinhentos milhões de reais? Baseado em quê?

Quem vai ganhar essa briga é um outro aspecto disso. Como a gente falou, o ethos é muito importante.

Qual é o ethos das pessoas que estão com você nessa jornada?

Porque o investidor, quando coloca dinheiro, principalmente se for numa start-up, que é um projeto ainda muito incipiente, tem a certeza de que o projeto vai mudar ao longo do caminho.

Agora, uma outra incerteza que ele tem, que é a única coisa que ele não vai mudar – pelo menos, as chances de mudar são menores –, são as pessoas que estão tocando o projeto, os sócios.

Então, é hora de você mostrar o seu currículo, as empresas onde já trabalhou, os projetos bacanas que já fez, quem são os conselheiros e o que vai ser dessa empresa.

É hora de você vender o seu ethos.

aspectos. Você tem uma visão genial do mercado, seu time é incrível e, ainda por cima, consegue ter tração (porque você vende e bate metas) e tem uma tecnologia muito boa. Aí, meu filho, você é invencível.

Lembrando que não tem *pitch*, nem milagre, que faça uma empresa ruim parecer boa sem solidez ou fatos reais para serem demonstrados.

Não seja um plâncton: esteja presente

Segundo a neurociência, eu formo uma opinião sobre você nos primeiros cinco segundos em que te conheço, e muitas vezes você nem abriu a boca.[5]

Às vezes, pode ser a sua postura: uma mão no bolso, uma respiração ofegante, uma perna tremendo, uma ansiedade ou medo que eu percebo.

Por isso, é muito importante respirar, se alongar, estar com o corpo presente na hora de uma apresentação. Eu gosto muito de fazer exercícios de aterramento. Temos um capítulo aqui só de exercícios para corpo e respiração, para você aterrar. Em inglês, chamamos isso de *grounding*.

São técnicas que Alexander Lowen desenvolveu. Ele é o criador da Bioenergética, que também teve sua obra inspirada no William Reich, um seguidor de Freud que criou toda a teoria das couraças, de como a gente pode curar os nossos traumas através do nosso próprio corpo.

---

5 CUKIER, H. O. *Inteligência do carisma: A nova ciência por trás do poder de atrair e influenciar*. São Paulo: Planeta, 2019.

Muitas vezes aquela pessoa que é um plâncton, que não tem uma cervical, que parece estar toda encurvada, pedindo desculpas por existir, está insegura ou apenas carrega um trauma.

Eu fiz teatro. Fiz um curso com a Fátima Toledo e uma oficina de teatro por seis meses no Senac. Nesses cursos, a gente fazia muitos exercícios de corpo.

E até hoje eu pratico bioenergética, ioga com meditação ativa e kundalini.

São exercícios muito bons, e fazem com que a gente fique presente no aqui agora e consiga, de alguma forma, se conectar melhor com a nossa essência e, por consequência, com a nossa plateia.

Modulação da voz

Um livro excelente que eu recomendo muito é *Inteligência do carisma*, de Heni Ozi Cukier.

O autor faz uma abordagem supercientífica sobre como você pode desenvolver, de uma maneira não inata, a ciência de conquistar e influenciar pessoas.

Ele cita um fato que acho bem curioso: até 38% do que eu entendo de uma mensagem é sobre o tom de voz que é utilizado comigo, que é uma modulação.

Nas mensagens escritas, texto em caixa-alta são como gritos. ESTÁ VENDO COMO É RUIM GENTE QUE FALA ALTO? Assim como gente que fala fino, gente que fala grosso.

Cada um desses estímulos gera em nós uma percepção diferente.

Isso não é papo de *bicho grilo*, não! É porque a energia com que as cordas vocais, fisicamente falando, batem, tem ressonância na nossa caixa torácica, no nosso corpo.

É por isso que existem sons que a gente sente na barriga, outros que a gente sente no coração.

Então, eu diria que é muito importante controlar a modulação da sua voz.

A falta de pausas e a ausência de mudanças no tom da voz também vão retirando um pouco da excelência da apresentação. Assim como falar "Aaaaaaannn... eeeeeeee...". Não faça isso!

A mensagem transmitida com isso é de que seu processo cognitivo não está bem formado, você não sabe o que quer dizer, está confuso, seu raciocínio não está claro. E, se não está claro, não está coerente.

O que você percebe quando eu falo "Aaaaaaaannnnnn"?

Que é o tempo de processamento da minha máquina. Não faça esse som, simplesmente.

Uma voz profunda e grave transmite interesse afetivo, enquanto uma voz aguda transmite surpresa ou ceticismo.

Já um tom de voz mais alto dá a impressão de que você é arrogante.

A boa notícia é que a gente pode treinar o nível da nossa frequência vocal. Se ela é muito aguda, você pode ser considerado nervoso ou vulnerável. Se grave demais, ela pode ser uma demonstração desnecessária de força e confiança. Por outro lado, também pode ser vista simplesmente com sinceridade e credibilidade.

Um exercício que eu gosto de fazer quando falo sobre tom de voz é pensar no Steve Jobs. Lembra dele apresentando o iPhone ou o iPod? Lembra daquelas apresentações icônicas?

Ele falava numa modulação quase flat, estável. Ele só colocava ênfase quando revelava o produto ou atributos do item.

Andava de um lado, andava de outro, olhava para baixo, olhava para a plateia, fazia pausas, né?

Fazia um teatro. Ele criava um *momentum*.

De certa forma, é quase um ato o que você vai fazer ali. Prepare a sua voz para isso.

Eu tive um professor de teatro que falava assim: "Você sabe que um ator ou apresentador é bom ao colocar a televisão no mudo e conseguir entender o que ele está falando. É alguém que articula tão lindamente a boca e a voz que você consegue fazer a leitura labial dele".

Então, articular a voz é importante, verticalizar a voz é importante.

Uma outra dica legal é não ficar se atrapalhando nos "erres". Muitas vezes, o sotaque mais neutro faz com que eu não fique prestando tanta atenção nele, e me retém mais à mensagem.

Entretanto, pode ser muito charmoso também, inclusive, fazer um sotaque aparecer. Eu não acho que você tem que limpar o sotaque, não. O ponto aqui é articulação.

Mãos e lábios

As mãos dizem muito sobre o fazer, não é?

Eu construo com as mãos, como com as mãos, crio, pinto com as mãos.

Quando eu escondo as minhas mãos no bolso, estou escondendo algo. A minha capacidade criativa? O que eu fiz? Não é um bom sinal. Então, tome cuidado para não ficar com a mão no bolso durante alguma solenidade ou apresentação.

Outra dica sobre as mãos também, além de não deixá-las no bolso, são os braços cruzados quando você estiver ouvindo um feedback. Porque isso é clássico.

Braços abertos, palmas das mãos à mostra. Nunca na frente da sua região pélvica, você não está se protegendo de nada, você não é um goleiro e não vai levar uma bolada. Sempre ao redor do corpo, com respiração calma. Não aquela respiração ofegante.

E serenidade, tranquilidade.

Evitar colocar a mão no cabelo. Mão no queixo entrega que você está ressabiado.

Mãos sobre os lábios, os quais deve-se evitar ficar mordendo, inconscientemente passa uma mensagem de "Eu quero dizer algo, mas estou com receio, estou hesitante".

Minha boca quer falar uma coisa, mas não tenho coragem. O que você está evitando dizer?

A nossa tendência natural é espelhar a linguagem corporal quando está em afinidade com alguém. Começamos a copiar os gestos, comportamentos e até ações dos outros, é o que se chama de ressonância límbica. Ou até mesmo de isopraxismo.

Segundo o livro do Heni Ozi Cukier, *Inteligência do carisma*, a ressonância límbica só é possível por causa de neurônios osciladores, ou neurônios espelho. São eles que coordenam as pessoas fisicamente, regulando como e quando seus corpos se movem juntos.

Quando duas pessoas conversam e estão em sintonia, seus movimentos são sincronizados e isso é quase imperceptível.

Você vai notar que começa a se alinhar, a piscar junto. A perna fica virada para o mesmo lado, a mão que você apoia é a mesma; é um processo muito curioso.

Comece a prestar atenção nisso e você vai se tornar craques em espelhamento.

Tudo o que gera tensão gera atenção.

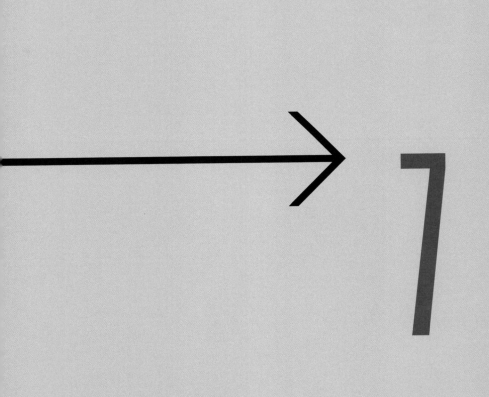

Conduzindo DRs com estilo: a comunicação não violenta

Você já ouviu falar em comunicação não violenta? É engraçado... quando ouvi esse termo criado pelo Marshall Rosenberg pela primeira vez, fiquei pensando: *Mas existe comunicação não violenta? Comunicação violenta é uma pessoa gritar com outra?* Não necessariamente.

A comunicação não violenta foi criada em cima da comunicação eficaz, da empatia. Ela propõe a importância de determinar ações com valores comuns.

É a famosa CNV, que propõe distinção entre observações de juízo de valor, entre sentimentos e opiniões, entre necessidades (ou valores universais) de estratégias e, por último, entre pedidos de exigências.

A CNV enxerga uma continuidade entre as esferas pessoais, interpessoais e sociais, proporcionando o que a gente chama de comunicação em prática, ou seja, eu estou exercendo empatia com meu ouvinte.

1. O primeiro passo são as observações. As ações concretas, que estamos observando e afetam o nosso bem-estar.

2. O segundo são sentimentos, como nos sentimos em relação ao que estamos observando.

3. O terceiro são as necessidades. As necessidades que estão gerando esses sentimentos.

4. E o quarto, mas não menos importante, são de fato os pedidos, as ações concretas que pedimos às pessoas para enriquecer a nossa vida.

"Nossa, que papo de maluco kumbayá!"

Eu considero a comunicação não violenta muito eficaz na resolução de conflitos. Então, como exemplo, uma narrativa de intimidação, de *ad Baculum*, como uma mãe falaria para um filho: "É a milionésima vez que eu vejo essas meias sujas jogadas no meio da sala. Pegue agora e vá colocá-las pra lavar, senão vou te deixar de castigo".

Quem nunca passou por essa situação? Como a gente faria com a comunicação não violenta?

Sentimento, necessidade e pedido: "Filho, quando eu vejo as meias jogadas ali no chão da sala, me sinto triste, porque preciso de uma sala mais organizada para conseguir manter harmonia em nossa casa. Você consegue pegar essas meias e colocar pra lavar, por favor?".

O que será que vai ter mais efeito?

Em vez de você falar: "Você é metida, hein? Nunca aceita um convite pra ir lá em casa no churrasco que organizo". Você pode dizer: "Ano passado você não foi ao churrasco lá em casa, a gente sentiu muito a sua falta. Tomara que você possa ir este ano".

Você vai observar, de maneira descritiva, sem julgamento de generalização.

Um outro jeito também de abordar a comunicação não violenta é compreender o sentimento e expressá-lo de forma adequada.

Às vezes, a gente acha que está com raiva e diz: "Eu fui humilhada, estou sobrecarregada, fui excluída". Isso é uma narrativa da nossa cabeça. Não existe isso. A única coisa que existe são os sentimentos: triste, feliz, com raiva etc.

O autoconhecimento nos torna capazes de dar o nome certo para o que sentimos, de conseguir nos expressar de uma forma melhor. Então, em vez de falar: "Poxa, fiquei esperando o seu retorno sobre o relatório, mas como você não falou nada, tive que mandar assim mesmo pra diretoria".

Você pode dizer: "Eu fico mais seguro quando você olha os relatórios antes. Para mim seria importante se pudesse analisá-los antes que eu os encaminhasse para a diretoria". Simples assim.

E identificar essa capacidade de se responsabilizar por ela: "Você me entrega essas atividades sempre em cima da hora. Você estragou esse projeto". Você pode dizer: "Não consigo trabalhar com entregas em cima do prazo, gostaria de ter ao menos um dia para checagem e ajustes finais". "Vocês poderiam me entregar um dia antes?".

E, por último, pedidos claros e específicos. Em vez de: "Gostaria que você confiasse mais em mim", você pode dizer: "Eu gostaria de ter a oportunidade de liderar sozinho, pela primeira vez, o projeto".

Comunicação não violenta é sucesso nas nossas relações interpessoais e profissionais.

Persuasão e influência no seu microcosmo: isopraxismo e *rapport* no mundo corporativo

Nos anos 1960, um psicólogo chamado Richard Wiseman realizou um experimento social com garçons. Ele propôs o seguinte: parte dos garçons deveria repetir o pedido dos clientes e chamá-los pelo nome. Enquanto outra parte agiria "normalmente".

Era basicamente como quando você vai ao Outback. Lá, o atendimento é padronizado.

Comprovou-se que os garçons que repetem o nome dos clientes e os pedidos ganhavam 20% a mais do que aqueles que não faziam isso.

Esse experimento demonstrou algo que já é sabido pela ciência e pela psicologia: a gente copia o outro para confortá-lo.

É o que chamamos de espelhamento, o isopraxismo.

Já pincelamos um pouquinho disso quando falamos sobre linguagem corporal, mas isso também pode ser feito por meio das palavras.

O espelhamento, inclusive, é uma tática muito utilizada pelo FBI em negociações.

Eles repetem as cinco últimas palavras das frases que foram ditas.

Depois, quando você assistir à *La casa de papel*, preste atenção nos negociadores. Eles ficam se repetindo o tempo inteiro porque gostamos de ouvir as nossas próprias crenças sendo repetidas em voz alta, gostamos de nos ouvir e nos reconhecer no outro.

Ouvir o nosso nome também é muito importante. Cria laços, sem confronto.

Então, chame pelo nome. Ligou para reclamar da companhia de TV a cabo ou da passagem aérea? A primeira coisa que você pode fazer é colocar uma voz de "DJ da meia-noite" de rádio cafona, bem aveludada e chamar a pessoa pelo nome.

Sempre observe o nome da pessoa no crachá. Você humaniza a pessoa, dá dignidade àquela pessoa. É algo que pode parecer óbvio e sensato, mas, na hora do desespero, muita gente perde a noção.

"Eu quero muito embarcar para Los Angeles hoje, mas eu sei que o voo está com problema de *overbooking* e que, possivelmente, por conta dos inconvenientes meteorológicos só vai decolar amanhã de manhã."

Eu já me antecipo e digo a objeção que essa pessoa responderia para mim.

"Maria, eu queria muito ver a minha mãe e sei que você deve estar superatribulada, o seu dia deve ter sido péssimo, o pessoal gritando aqui com você, mas, se por acaso, você tiver uma oportunidade de encaixar uma pessoa nesse voo, gostaria que considerasse o meu nome."

Então, na hora, a pessoa passa a se sentir acolhida - porque está sendo tratada com dignidade - e se motiva a resolver o seu problema.

Humanize as pessoas! Isso é empatia. É o mínimo, não é? Ninguém é obrigado a tolerar a grosseria de ninguém.

Mundo corporativo: e-mails ignorados – Como obter resposta?

Quem nunca passou pela situação: você está em uma troca de e-mail superativa e recíproca, mas, quando está para chegar no fechamento, o destinatário para de te responder.

Sério! Não tem nada pior do que isso.

O nosso comportamento neurótico já começa a conjecturar: "Foi aquela palavra que eu usei que ele não gostou?" ou "Será que eles mudaram de ideia?" ou "Eles não querem mais o projeto?" ou "Por que ninguém me responde?".

E, aí, você manda outro e-mail e novamente, não vem resposta.

A melhor maneira de responder a um e-mail ignorado é uma simples pergunta: "Olá, Fulano, você vai desistir do projeto?". Aprendi com o Chris Voss, no livro *Never Split the Difference*, ele foi head de negociações do FBI por anos.

Direto e reto.

Eu sei que isso é dolorido para nós que somos latinos, que temos uma cultura mais subserviente, que não queremos causar, que não queremos incomodar... lidando com uma culpa católica diferente da cultura norte-americana.

Mas, quais são os cenários aqui?

Opção A: terem desistido do projeto, e aí é melhor você saber o quanto antes para se organizar, não perder mais o seu tempo e nem o deles.

E opção B: um jeito de você alertar a pessoa que pode estar sentada, sem querer, em cima do seu projeto ou ter simplesmente esquecido de te dar uma resposta. É uma oportunidade de você retomar o diálogo e fazer acontecer.

Todas as vezes em que eu utilizei essa estratégia, deu muito certo. A gente só precisa ter coragem para fazer isso.

Na pior das hipóteses, você pode utilizar de triangulação. Mas vou falar sobre isso mais para frente.

Como escrever um e-mail persuasivo

Falando em e-mail, é muito importante a gente saber escrever um e-mail que seja persuasivo.

Antes de tudo: vai falar com uma pessoa que você não conhece? Peça a um conhecido que deixe citá-lo na introdução. Mas peça a uma pessoa que agregue, não vá pedir introdução para uma pessoa que não gosta de quem você precisa conhecer. Pode ser mútuo, e aí você já carrega o ethos dessa outra pessoa com você.

A primeira coisa muito importante é o título do seu e-mail. Imagina quantos spams a gente recebe por dia? Então, é importante que você seja objetivo, para gerar curiosidade.

"Maria da Silva sugeriu este contato." Opa, Maria da Silva é uma pessoa importante, vou parar para ler esse e-mail.

Outro título: você pode pegar exatamente o assunto de interesse daquela pessoa: "Sugestões para como vender mais o seu curso on-line", por exemplo.

Eu certamente abriria um desse, pois é um conteúdo que tenho interesse de consumo.

Segundo ponto: ir direto ao assunto.

Na introdução, você tem que valorizar o tempo do outro. Quem recebe e-mail todo dia tem pouco tempo, por isso, vá direto ao ponto, sem ficar enrolando demais.

Recheios têm que agregar valor; quase fazer uma venda consultiva para ela. Seu *lead*, no caso, tem que perceber que seu contato é importante, que você tem algo a agregar, que você não vai tomar o tempo dele sem dar nada em troca.

"Maytê, vi que você lançou um curso on-line. Ficou muito atrativo! Seria interessante você acrescentar um botão de compartilhamento, porque propaga conteúdos da internet com mais facilidade. Isso vai aumentar autoridade e vai fazer com que você ganhe relevância." Certamente, eu já visualizaria valor nisso, se fosse uma informação que eu não soubesse.

Do meio para o fim dessa apresentação, você já oferece um benefício claro, lembrando que isso é uma apresentação mais comercial, e você não vai fechar a venda logo de cara.

Então, você fala: "Tenho outras dicas ainda melhores e mais interessantes que podem fazer com que o seu curso venda mais...". E aí eu vou ficar tentada, vou pensar no benefício.

E, no fim, o *call to action* eficiente: "Pensei em te ligar amanhã para uma conversa de dez minutos sobre o tema. Quinta-feira às 14h ou às 13h? Que horas é melhor pra você?".

Você precisa mostrar que, independentemente de estar fazendo aquilo há seis meses ou 1 ano, possui uma visão de longo prazo.

Sempre oferecendo duas opções. Porque se eu dou quinze opções, ninguém escolhe nada.

Eu tenho que dar duas opções, assim o cérebro fica ligado a tomar uma decisão. A ou B? X ou Y? Direto e reto. Eu nunca digo: "Veja sua agenda... e me fala..." - muito evasivo e abstrato. Convide!

Triangulação

É uma estratégia muito boa de negociação e de abordagem, que segue a linha da narrativa sedutora, inclusive.

Triangulação nada mais é do que você despertar o desejo do outro, se demonstrar desejável. A principal finalidade é mostrar como você é desejado por outras pessoas.

Aquilo que você possui, o que tem para oferecer, o outro também pode querer.

Já reparou que, quando você vai à padaria, sempre quer aquele bolo que está no fim? Aquele que só tem um pedaço. Olha para aquele outro que está inteiro e o rejeita, pensando que não deve ser tão bom?

Se fosse tão bom, não estaria inteiro!

Ou quando você passa em frente a duas baladas e vê uma que tem fila e outra que não tem. Obviamente, você quer aquela que tem fila, porque a outra não deve ser tão boa.

A mesma coisa é com projeto. Se todo mundo quer o seu projeto, quer o seu curso, quer a sua presença, quer ser o seu crush... logo, eu vou querer também.

Nenhum desejo é intrínseco. Ele é emulado.

Portanto, a triangulação desperta isso. Você se apoia no endosso de outros para construir e emular o desejo do que tem para oferecer.

O que é poder? Já parou pra pensar?

O poder rege as relações das nossas vidas. O filósofo sul-coreano Byung-chul Han tem uma frase que eu acho maravilhosa, quando ele discorre sobre a lógica do poder: "Quanto mais poderoso for o poder, mais silenciosamente ele atuará. Onde ele precise dar mostra de si, é porque já está enfraquecido".

O poder é invisível. O maior poder é aquele que não precisa ser gritado.

Quando você não consegue ver as amarras do poder, é porque o domínio já se estabeleceu. Você já está tão manipulado que nem percebe.

Existem três tipos de poder: soft power, hard power e smart power.

O soft power é o poder do carisma e da atração.

Muitas transformações sociais, políticas e tecnológicas, que são impostas pela vida contemporânea, vão mudando as relações de trabalho e sociais.

Neste contexto, o carisma é uma chave fundamental de adequação às novas demandas de realidade.

O carisma é compreendido como um soft power. Ele não é impositivo, é agradável e convence o outro a gostar de você e querer concordar com você.

Esse é um conceito que foi difundido por Joseph Nye, um dos principais pensadores do campo das relações internacionais da política.

Para diferenciar, o poder do convencimento, da atração, da força e da coerção é o que ele chama de hard power. Como se um fosse uma sedução e o outro fosse uma intimidação.

Soft power *versus* hard power.

Ele ainda descreve outro tipo de poder estratégico, o smart power, que é a capacidade de avaliar estrategicamente quando devemos usar o soft power ou o hard power, considerando os objetivos envolvidos e até mesmo o contexto.

Quando você consegue juntar o soft power com hard power, tem a capacidade de articular, de acordo com a sua influência e persuasão, um determinado fim. Smart power é ler o contexto social, pessoal e emocional para atingir uma finalidade.

Saber persuadir é saber ter poder e influência.

Tudo o que a gente viu aqui neste curso - ethos, pathos, logos, intimidação, sedução, provocação, tentação, todas as falácias, todas as leituras de perfis psicológicos - fará você conseguir influenciar o seu microcosmo e ter voz ativa nas suas relações, sejam elas pessoais ou profissionais.

Tentamos algo e, se não der certo, a gente tenta outra coisa. Lembrando sempre de ser saudável e responsável, tá?

Esse poder pode ser utilizado para o mal. Uma pessoa como Hitler, que tinha carisma e também soft power e hard power, não fazia uso desses conhecimentos para o bem.

Então, com grandes poderes vêm também grandes responsabilidades, como citei, bem nas primeiras linhas, meu querido Ben Parker, tio do Homem-Aranha.

Eu espero que você saiba utilizar seus novos poderes com consciência.

Se você chegou até este ponto do livro, das duas, uma: ou é um maluco que começou pelo fim ou você já leu tudo.

Espero que, com todo conhecimento que você tem agora, faça bom uso desses aprendizados com responsabilidade e empatia. Faça bom proveito dessa caixa de ferramentas que conquistou para usar em suas relações pessoais e profissionais, para conseguir ter mais liderança, autonomia, influência, poder de decisão e se tornar o protagonista da sua vida e das suas relações.

Espero que você goste deles. ;)

Você tem que dar a mesma importância
à solução que dá ao problema.

Bibliografia

ARISTÓTELES, *Retórica*. São Paulo: WMF Martins Fontes, 2012.

CÍCERO, Marco Túlio. *Do sumo bem e do sumo*. São Paulo: WMF Martins Fontes, 2020.

CUKIER, Heni Ozi. *A inteligência do carisma: A nova ciência por trás do poder de atrair e influenciar*. São Paulo: Planeta, 2019.

FREUD, Sigmund. *O mal-estar na civilização*. São Paulo: Penguin-Companhia, 2011.

GUNN, Joshua. *Speech Craft*. Nova York: Bedford/St. Martin's, 2017.

HAN, Byung Chul. *O que é poder*. Petrópolis: Vozes, 2019.

LIPOVESTSKY, Gilles. *A sociedade da sedução: Democracia e narcisismo na hipermodernidade liberal*. Barueri: Manole, 2020.

LOWEN, Alexander. *O corpo em terapia: a abordagem bioenergética*. São Paulo: Summus, 1977.

NYE, Joseph. *The Future of Power: Its Changing Nature and Use in the Twenty-first Century*. Nova York: PublicAffairs, 2011.

REICH, Wilhelm. *Psicologia de massas do fascismo*. São Paulo: Martins Fontes, 2019.

ROSENBERG, Marshall B. *Comunicação não-violenta: Técnicas para aprimorar relacionamentos pessoais e profissionais*. São Paulo: Editora Ágora, 2010.

SCHOPENHAUER, Arthur. *Como vencer um debate sem precisar ter razão*. Rio de Janeiro: Topbooks, 2003.

VOSS, Chris. *Never Split The Difference: Negotiating as if Your Life Depended on It*. Nova York: Conerstone, 2016.

Comunicação não violenta é sucesso
nas nossas relações interpessoais
e profissionais.

Fontes FINANCIER TEXT, SUISSE, COING PRO
Papel ALTA ALVURA 90 G/M²
Impressão RR DONNELLEY